O jeito de ser Magalu

CÉSAR SOUZA

O jeito de ser Magalu

Lições de quem se
transformou numa potência
no mundo dos negócios

Rocco

Copyright © 2021 by César Souza

Direitos desta edição reservados à
EDITORA ROCCO LTDA.
Rua Evaristo da Veiga, 65 – 11º andar
Passeio Corporate – Torre 1
20031-040 – Rio de Janeiro – RJ
Tel.: (21) 3525-2000 – Fax: (21) 3525-2001
rocco@rocco.com.br
www.rocco.com.br

Printed in Brazil/Impresso no Brasil

Preparação de originais
SOFIA SOTER

```
         CIP-Brasil. Catalogação na fonte nacional
          Sindicato Nacional dos Editores de Livros, RJ.

         Souza, César
S714j    O jeito de ser Magalu : lições de quem se transformou
         numa potência no mundo dos negócios / César Souza. – 1.
         ed. – Rio de Janeiro : Rocco, 2021.

                ISBN 978-65-5532-138-8
                ISBN 978-65-5595-083-0 (e-book)

                1. Magalu (Firma) – História. 2. Administração e
         Negócios. 3. Empreendedorismo. 4. Comércio varejista –
         Brasil – História. 5. Comércio eletrônico – Brasil – História.
         I. Título.

21-72077                       CDD: 381.130981
                               CDU: 004.738.5:339.372.2(81)
```

Meri Gleice Rodrigues de Souza – Bibliotecária – CRB-7/6439

O texto deste livro obedece às normas do
Acordo Ortográfico da Língua Portuguesa.

Aos clientes, colaboradores, parceiros e prestadores de serviços que compõem a Comunidade Magalu e transformam em realidade cotidiana o sonho do seu propósito e jeito de ser.

Aos empreendedores que constroem, com muita resiliência, o Brasil que dá certo!

SUMÁRIO

INTRODUÇÃO: As cinco lições *9*

LIÇÃO 1. Sucessão exemplar *25*

LIÇÃO 2. Cliente no centro de tudo *43*

LIÇÃO 3. Paixão pelas pessoas e equipes *61*

LIÇÃO 4. Tecnologia humanizada pela "Solução FiGital" *85*

LIÇÃO 5. Senso de propósito: negócios e cidadania *101*

CONCLUSÃO: Magalu, a neoempresa *115*

REFERÊNCIAS *147*

INTRODUÇÃO:
As cinco lições

Nasceu pequeno, pensou diferente e cresceu bastante. De um negócio familiar em uma pequena cidade do interior paulista, o Magazine Luiza se transformou no Magalu, uma das maiores empresas de varejo do Brasil e do mundo, a melhor empresa do ramo para se trabalhar no Brasil e a segunda melhor no ranking geral, de acordo com a pesquisa Great Place to Work Brasil 2020.

Tudo começou em 1957, quando "Dona Luiza", a ex-balconista Luiza Trajano Donato, decidiu abrir a sua primeira loja em Franca, a quase quatrocentos quilômetros da capital paulista, bem no ano em que a cidade ganhou seu primeiro arranha-céu, o edifício Franca do Imperador.

Decidida a não usar o nome herdado do dono anterior — A Cristaleira —, Dona Luiza fez sua primeira promoção: sorteou um sofá entre os ouvintes da rádio local que votassem na escolha do novo nome da loja. O vencedor? Magazine Luiza.

"O marketing sempre correu em nossas veias, mesmo quando a gente não tinha dinheiro para marketing", disse em várias ocasiões Luiza Helena Trajano, sobrinha da fundadora e sua sucessora como líder do negócio, que depois passou a presidir o Conselho de Administração.

Outro lance ousado para a época ocorreu em 1974, quando a loja foi transferida para um imóvel mais nobre, de esquina, antiga agência do Banco do Brasil, em Franca. A partir daí, entrou em fase de expansão, inicialmente pelo Triângulo Mineiro e depois pelo interior paulista, a começar por Barretos, culminando com a inauguração simultânea de três lojas em Ribeirão Preto, em 1983.

A experiência bem-sucedida estimulou o Magazine Luiza a dar um passo mais audacioso, já sob o comando de Luiza Helena Trajano: entrar na capital paulista, vinte e cinco anos mais tarde, com a meta bastante arrojada de inaugurar cinquenta lojas em um só dia. Ao longo da sua gestão, ela expandiu a operação do negócio: de trinta lojas em 1991, quando tomou posse, com apenas trinta e nove anos de idade, para 445 em 2008.

No ano seguinte, a empresa ingressou em uma terceira fase, sob a direção de Marcelo Silva, executivo oriundo do Bompreço e das Casas Pernambucanas. Em 2011, foi feita a abertura do capital na bolsa de valores, e o Magazine Luiza continuou crescendo a ponto de atingir, em 2015, o número de 786 lojas e ultrapassar o expressivo valor de 10 bilhões de reais de faturamento.

O quarto ciclo começou em 2016, sob a liderança de Frederico Trajano, filho de Luiza Helena. Em apenas três anos, ultrapassou a marca das mil lojas e a impressionante cifra de 18 bilhões de reais de faturamento. Atualmente tem mais de 36 milhões de clientes — acima de 15% do total da população brasileira, de acordo com dados disponíveis no site da empresa (bloco Relação com Investidores, 9 de agosto de 2021). Tal salto foi dado já sob a bandeira da transformação digital, que alavancou o Magalu para um novo patamar.

Sem fazer alarde, partindo do interior para as metrópoles, Magazine Luiza foi se tornando, de longe, a varejista mais valorizada do Brasil. Antes de chegar à capital paulista, comprou rivais, como a Mercantil, em Franca, e a Móveis Brasil, em São Carlos, além de redes no Paraná e em Santa Catarina. Depois, continuou fazendo aquisições, como a das Lojas Maia, rede paraibana com 140 unidades espalhadas pelo Nordeste, e a das Lojas do Baú, com 121 pontos de venda nos estados de São Paulo, Paraná e Minas Gerais.

No final de 2020, o Magalu se tornou uma empresa bastante valorizada na Ibovespa, a bolsa paulista. A ascensão da varejista foi considerada um feito e tanto em um país em que as instituições financeiras, grandes indústrias e antigas estatais privatizadas sempre dominaram a preferência dos investidores.

Apesar do agravamento da pandemia de Covid-19, que obrigou o grupo a fechar temporariamente centenas de lojas físicas em certos períodos de 2020 e também no ano seguinte — devido às medidas de restrição determinadas pelas autoridades —, as vendas subiram consideravelmente. Este volume inclui o seu *marketplace*, que também passou a comercializar mercadorias de terceiros. O comércio on-line representava expressivo volume sobre o total das vendas, 17 pontos percentuais acima de 2019.

De fato, o Magalu nasceu pequeno, pensou diferente e cresceu bastante — e em alta velocidade — nos últimos anos. Demorou quarenta e três anos para faturar 1 bilhão de reais nas lojas físicas, origem da empresa, mas apenas dez anos para atingir a mesma marca em faturamento no *e-commerce*. Como um relâmpago, precisou somente de dois anos para alcançar o mesmo valor com a operação de *marketplace*, que, em dezembro de 2019, reunia 15 mil vendedores, indústrias e varejistas dos mais diversos tamanhos, origens e especialidades. Nos últimos anos, de acordo com o site do grupo, o Magalu fez a opção estratégica pelo crescimento exponencial, por atingir um ritmo de expansão que multiplica o tamanho e a abrangência da empresa, a fim de continuar relevante na economia digital.

Suas lojas físicas, distribuídas por mais de oitocentas cidades, em vinte e um estados, têm se transformado rapidamente em centros avançados de distribuição dos produtos da empresa e de outros *sellers*, vendidos on-line. Para abastecer esses pontos, foram abertos, em 2019, cinco novos centros de distribuição, totalizando quase vinte, localizados em diferentes regiões do país. A distribuição dos produtos fica a cargo da Logbee, empresa de tecnologia logística responsável pela entrega em grandes centros, como São Paulo, Belo Horizonte, Florianópolis, Goiânia, Recife e Campinas, e da Malha Luiza, composta por cerca de 2.500 caminhoneiros.

GIGANTE COM ALMA DE *STARTUP*

Que fatores explicam o sucesso extraordinário do Magalu? Quais lições podemos tirar para inspirar nossos negócios? Será que o modelo Magalu é adequado apenas para o varejo? Ou pode ser extrapolado para outros tipos de empresas?

"Minha tia e minha mãe sempre pensaram fora da caixa. Não tiveram medo de errar", aponta orgulhosamente Fred

Trajano em reportagem de Fernando Scheller, publicada no jornal *O Estado de São Paulo* em 8 de novembro de 2020. Desse modo, ele salienta um traço característico do Magalu praticamente desde a sua origem: a mentalidade de *startup*. A varejista é uma gigante que não se deixa inebriar pelo sucesso nem pelo tamanho, e continua humildemente pensando e agindo como uma empresa que precisa se provar a todo instante.

Este livro propõe que a causa-raiz do sucesso do Magalu reside em cinco fatores que podem servir de lição a todos nós, empenhados em transformar nossos empreendimentos em cases de sucesso.

LIÇÃO 1. SUCESSÃO EXEMPLAR

Sabemos que esse tema é um calcanhar de Aquiles das empresas familiares e que a maioria delas não resiste ao afastamento do seu fundador. "Das vinte maiores supermercadistas no Brasil pertencentes a famílias nos anos 1980, só uma continua na mesma família: a Zaffari, de Porto Alegre", destacou o vice-presidente do conselho e ex-CEO do Magazine Luiza, Marcelo Silva, em um evento sobre sucessão promovido pela Fundação Getúlio Vargas, em julho de 2019. As outras dezenove fecharam, mudaram o controle ou foram vendidas. Das grandes e antigas empresas de varejo de eletrodomésticos, todas se foram, com exceção do Magazine Luiza.

Na contramão desse destino que parece inexorável, o Magalu planejou e executou um dos melhores exemplos de sucessão no Brasil. Derrubou três tabus ao escolher alguém de dentro da empresa, da família e bem jovem.

No meio do caminho, colocou Marcelo Silva para fazer a ponte entre Luiza e Fred. Marcelo foi um dos grandes arquitetos da transição: durante pouco mais de seis anos à frente da companhia, ele pilotou o negócio enquanto Fred se capacitava e se consolidava. Teve a dignidade de fazer a passagem sem egoísmo, sem criar barreiras.

Aliás, desde o começo da sua expansão ainda tímida nos anos 1970, o Magazine Luiza estabeleceu dois pilares que norteiam o grupo até hoje. A primeira dessas regras proíbe que agregados da família — maridos, esposas, cunhados, genros e noras — exerçam cargos na empresa. A segunda evita um erro comum em organizações nascentes: misturar o dinheiro da empresa com o dos donos.

LIÇÃO 2. CLIENTE NO CENTRO DE TUDO

A cultura da empresa é centrada no cliente ("freguês") e nas pessoas e equipes. É um grande exemplo da aplicação prática do conceito, que criei em 2016, da Clientividade® — uma metodologia que propõe trazer o cliente para o centro do modelo mental de cada pessoa e para o centro das decisões de uma empresa.

O Magazine Luiza conseguiu ir para o digital sem perder essa característica. Fez da tecnologia uma ferramenta para facilitar a interação com clientes, tornando esse fluxo mais ágil, agradável, interativo, lúdico, simpático e eficiente. Realizou o milagre da "customização em massa", expressão popularizada pelo expert em marketing Joseph Pine nos anos 1990. Os termos aparentemente paradoxais que traduzem a abordagem diferenciada da empresa ao estabelecer um tratamento de certa forma personalizado para seus milhões de clientes.

A inovação faz parte do DNA do Magalu, que pretende ser o grupo mais transformador do varejo nacional. A inovação não se resume a produtos e serviços; pode ocorrer também na gestão do cliente. Por exemplo, o Magazine Luiza foi ousado na sua estratégia de penetração na capital paulista: inaugurar cinquenta lojas em um único dia. Atrasos nas obras atrapalharam um pouco os planos, mas, no dia 22 de setembro de 2008, quarenta e quatro lojas foram inauguradas, seguidas de mais três em outubro e cinco até o final daquele ano, totalizando cinquenta e duas lojas. Foi uma operação de guerra, inovação semelhante à iniciativa militar de ocupação de um território. Como se diz na gíria: "A Luiza chegou chegando". Afinal, "o marketing sempre correu em nossas veias".

Ao longo de 2021, em plena crise econômica agravada pela pandemia de Covid-19, seguiu fazendo contratações, adquirindo *startups*, inaugurando lojas e se expandindo pelo país. No mês de julho, o Magalu abriu vinte e três lojas no Rio de Janeiro no mesmo dia, com a previsão de chegar a pelo menos cinquenta novas unidades no estado até o final do ano. Dessa feita, se comparada à estratégia de entrada na capital paulista, agregou um diferencial bastante original: a penetração no mercado fluminense foi pensada em torno de uma intensa campanha de experiência da marca pelo cliente (*user branding experience*).

A empresa patrocinou a reforma de dezenas de ônibus do BRT, que receberam Wi-Fi gratuito e tiveram assentos e sistemas de ar-condicionado consertados, e realizou ação semelhante em vários trens da Supervia. Tudo com alta exposição do seu logotipo. A varejista ainda colocou centenas de bicicletas azuis com aluguel pago pela empresa circulando pela cidade. Até o Cristo Redentor participou da campanha, sendo iluminado com as cores do Magalu e fachos de luz apontando em direção às lojas recém-inauguradas.

Ainda em julho, em mais um lance ousado, fez a maior aquisição da história da companhia: adquiriu o KaBum!, site de venda de eletrônicos e games, com dois milhões de clientes ativos, pagando um bilhão de reais à vista. Somando-se as duas parcelas a serem quitadas posteriormente, a operação pode chegar a um montante de 3,5 bilhões de reais. No dia seguinte, as ações do Magalu subiram mais de sete por cento, um claro sinal da boa receptividade do mercado a essa transação.

LIÇÃO 3. PAIXÃO PELAS PESSOAS E EQUIPES

O Magalu sempre teve uma preocupação genuína com as pessoas e equipes. A empresa investe muito na capacitação dos mais de 35 mil funcionários. Incentiva cada um a assumir uma postura de dono. Demonstra carinho pelas pessoas, tratadas como membros de uma família. Em tempos de pandemia, comprometeu-se a não demitir funcionários, sendo uma das maiores incentivadoras do movimento #NãoDemita. Graças às medidas adotadas, não só os empregos dos colaboradores foram mantidos, como a empresa admitiu cerca de mil pessoas registradas em carteira em plena crise deflagrada pela Covid-19.

O Magalu sempre acreditou na premissa de que não existe cliente encantado em empresa com pessoas infelizes. Seus líderes sempre cuidaram muito bem das pessoas, das equipes, do clima organizacional, da capacitação, do senso de propósito, da motivação e dos valores organizacionais. Em suma, a

INTRODUÇÃO: AS CINCO LIÇÕES 19

empresa sempre cuidou da felicidade das pessoas, buscando com isso o engajamento autêntico dos seus colaboradores em todos os níveis.

LIÇÃO 4. TECNOLOGIA HUMANIZADA PELA "SOLUÇÃO FIGITAL"

O Magazine Luiza fez a transformação digital sem perder a proximidade com seus clientes, nem com as equipes e funcionários da empresa. Pelo contrário, tem dado o claro exemplo de que a tecnologia deve estar a serviço das pessoas e dos clientes para viabilizar os resultados desejados, em vez de colocar o negócio a serviço da tecnologia.

O grupo criou lojas-conceito com o melhor dos dois mundos, o físico e o digital unidos, um modelo híbrido para o qual tenho usado, há bastante tempo, o apelido de "FiGital".

À época, pregava-se que as varejistas separassem a operação da loja física do *e-commerce*, mas o Magalu se recusou a seguir a tendência dominante. Quem aguentou firme a decisão, enquanto o valor da companhia parecia derreter — em 2015, por exemplo, os papéis do Magazine Luiza chegaram a valer R$ 0,50 —, foi o Fred, que voltou para a companhia em 2000 para implantar o *e-commerce* e assumiu o cargo de CEO em 2016.

"Dadas as peculiaridades brasileiras, como dificuldades logísticas e altos impostos, ficou claro para mim que o *e--commerce* puro nunca daria lucro", afirma Fred na já citada reportagem de Fernando Scheller. Embora a empresa nem sempre tenha contado com o apoio incondicional do mercado financeiro, o tempo provou que a estratégia estava correta: a Amazon, uma nativa digital, começou a operar também no mundo presencial comprando livrarias e mercearias, em um movimento aparentemente na contramão da tendência mundial de digitalizar os negócios. No Brasil, a Via Varejo, dona da Casas Bahia e do Ponto Frio, teve de voltar a unir os negócios digitais que havia separado em 2015.

LIÇÃO 5. SENSO DE PROPÓSITO: NEGÓCIOS E CIDADANIA

Cuidar do meio ambiente, ter responsabilidade social e adotar as melhores práticas de governança não são ações incompatíveis com os objetivos de uma empresa. Pelo contrário, atitudes sustentáveis tendem a gerar resultados melhores no longo prazo. Por essa razão, o ESG (*Environmental, Social and Governance*) entrou pra valer na agenda de inúmeras empresas e executivos.

O Magazine Luiza faz isso há muito tempo. Iniciativas da companhia tornaram-se exemplos de diversidade e apoio à inclusão. Sua missão é muito comprometida com o significado do negócio e também com a sua responsabilidade social: "ser uma empresa competitiva, inovadora e ousada, que visa sempre ao bem-estar comum."

No exercício do seu papel como presidente do Conselho de Administração da empresa, Luiza Helena Trajano tem liderado diversos movimentos, como o Unidos Pela Vacina, que atua de forma assertiva e pragmática para que a grande maioria dos brasileiros adultos tenha acesso mais rápido e eficaz à vacina contra a Covid-19. Participou ativamente do #NãoDemita, convocando os empresários a preservarem os empregos durante a pandemia, e tem mobilizado a sociedade com o Mulheres do Brasil, que até junho de 2021 reunia quase cem mil integrantes, para citar alguns exemplos de sua atuação como cidadã.

Reproduzi no meu livro *Você é do tamanho dos seus sonhos* uma declaração dela que ilustra essa busca de convergência entre negócio e cidadania: "Meu sonho sempre foi ter uma empresa em que o capital financeiro caminhasse junto com o capital humano. O maior obstáculo à sua realização é a dificuldade de equilibrar esses dois mundos." Esse olhar é coerente com o modo como ela gerencia seus outros sonhos: "Eu não faço uma divisão muito grande entre meus sonhos pessoais, os da empresa e os comunitários. Tento conciliá-los como se fossem uma coisa só!"

A MAIOR DAS LIÇÕES: A ALMA É O SEGREDO DO NEGÓCIO!

Até a década de 1980, costumava-se dizer que "o segredo é a alma do negócio". Aí os publicitários venderam a ideia que "a propaganda é a alma do negócio". Um dos grandes aprendizados com o Magalu, além das cinco lições enumeradas, é que "a alma é o segredo do negócio". Ou seja, a cultura da empresa como um todo é a maior responsável pelo sucesso da empresa. Todos os fatores já mencionados — a sucessão, o foco nos clientes, a paixão pelas pessoas e equipes, a tecnologia humanizada, o modelo FiGital, e o senso de propósito — são componentes de algo maior: a alma do Magalu.

Apenas as empresas que preservam seus valores se perpetuam. O principal pilar de sustentação do Magalu são os seus valores, que integram a sua cultura. Sempre afirmei — desde o meu primeiro livro, *Talentos & competitividade*, de 2000 — que a cultura é o ativo (ou pode ser o passivo) que não aparece nos balanços das organizações.

Na construção dessa cultura, é preciso reconhecer os méritos das diferentes lideranças da companhia ao longo dos seus vários ciclos. Desde a fundadora, Dona Luiza, a Fred Trajano, no momento atual, passando por Marcelo Silva, de 2009 a 2015, e, ao longo de todo esse processo, a impactante importância de Luiza Helena Trajano na caracterização do DNA do Magalu, com a valorização da família, o fortalecimento da liderança feminina no Brasil e o exercício da Cidadania com "C" maiúsculo.

Pelo quarto ano consecutivo, Luiza Helena ocupa a primeira posição entre os cem líderes com melhor reputação no país na sétima edição da pesquisa de campo Monitor Empresarial de Reputação Corporativa (Merco), realizada no Brasil entre julho e dezembro de 2020, com 2.366 entrevistados, e divulgada pela revista *Exame*.

Líder muito atuante no mundo dos negócios, Luiza Helena é conselheira de várias entidades, como Fiesp, Unicef e IDV (Instituto para Desenvolvimento do Varejo), e foi eleita em 2020 a Personalidade do Ano pela Câmara de Comércio Brasil/EUA. Em 2003, fundou o Mulheres do Brasil, que defende a liderança da mulher na construção de um país melhor.

Apaixonada pelo Brasil, Luiza Helena sempre afirmou que não adianta ficar procurando culpados, mas é preciso olhar para a frente e buscar a convergência: "Há pessoas morrendo e pessoas desempregadas. Não dá para ficar de braços cruzados. Vamos parar de falar mal e juntos construir o Brasil que a gente quer."

Em cada uma das lições aqui apontadas como as causas do sucesso do Magalu, são também identificados alguns desafios que a empresa deve enfrentar para continuar a brilhar intensamente no futuro. Como bônus para você, leitor, são pontuados vários aprendizados que podem ser úteis se aplicados à sua empresa.

Antes de prosseguir, responda sinceramente: você e sua empresa estão preparados para enfrentar os dias que virão, superar as adversidades e criar oportunidades de forma inovadora? Se desejar refletir mais profundamente sobre o futuro — identificar alguns dogmas que precisam ser questionados, pensar as bases de um novo modelo de negócio e uma filosofia de gestão diferenciada para a sua empresa, qualquer que seja o tamanho ou a natureza da sua atividade —, vire a página e venha respirar um pouco do jeito de ser Magalu.

LIÇÃO 1

Sucessão exemplar

"Fred não se tornou CEO da companhia por ser meu filho, mas por ter se tornado um profissional da mais alta qualidade", disse Luiza Helena Trajano, atual presidente do Conselho de Administração do Magalu, em entrevista publicada no jornal *Estado de Minas* em 6 de abril de 2018. O sucessor foi anunciado durante as comemorações do aniversário de 58 anos do Magazine Luiza, em 18 de novembro de 2015, na presença de 1.500 líderes e dos fundadores da empresa, Luiza Trajano Donato e Pelegrino José Donato, tios de Luiza Helena. O então diretor de operações e membro da terceira geração da família, Frederico Trajano, assumiria o cargo de presidente em janeiro do ano seguinte. Com o objetivo de "liderar o processo de digitalização, transformando o Magazine Luiza em uma 'empresa digital com pontos físicos e calor humano'", de acordo com o comunicado distribuído na ocasião, foi feita a passagem simbólica e real do bastão para o novo presidente.

Além da inegável competência de Fred, a sucessão foi muito bem planejada ao longo do tempo necessário para consumar a mudança e executada em duas etapas, começando por um período de transição. Para sucedê-la na presidência, Luiza contratou Marcelo Silva, executivo com ótima reputação no mercado, larga experiência no negócio do varejo e passagens pelas redes Bom Preço e Casas Pernambucanas.

Enquanto os potenciais sucessores ganhavam corpo e legitimidade, Marcelo ia criando processos e sistemas internos de gestão, reestruturando a diretoria e aprimorando a tomada de decisões. Mais uma vez, Luiza demonstrava uma faceta da sua genialidade em construir pontes eficazes entre a situação atual e a situação desejada. Como já tive oportunidade de defender no livro *Seja o líder que o momento exige*, a liderança eficaz constrói pontes em vez de paredes.

Essa ponte, contudo, precisava de uma arquitetura delicada e de um alicerce especial. Como o modelo implantado até então no Magazine era primordialmente feminino, a própria Luiza Helena tinha dúvidas sobre colocar um homem na posição. Essa hesitação rapidamente se desfez ao conhecer Marcelo, que cultivava valores muito parecidos com os da companhia. Decidiu fazer um aceno a ele: "Marcelo, se um dia você sair da Pernambucanas, você me telefona? Não quero falar com você antes disso!"

Marcelo Silva era também o presidente do IDV — Instituto do Desenvolvimento do Varejo. Metódico e organizado, cultiva o hábito de tirar as ideias da cabeça e colocar no papel. Já Luiza não é muito fã de papel. Com um tino comercial fora da curva, gosta de criar, movimentar, mexer com as pessoas. São dois estilos — Marcelo, por exemplo, prefere que seu time direto trabalhe na mesma sala que ele — com perfis muito diferentes, porém complementares. O respeito mútuo tornou essa dupla imbatível.

Assim foi possível concretizar a primeira etapa da sucessão, que se destinava a preparar o terreno para o passo seguinte: a transferência do comando para um dos herdeiros das duas famílias controladoras. Além de Frederico Trajano, a outra opção era o atual vice-presidente de operações da companhia, Fabrício Garcia. Filho de Wagner Garcia, outro sobrinho dos fundadores, na época ele tinha trinta e sete anos, um a menos que Fred.

Em 2014, Marcelo conversou sobre a mudança de comando com os dois possíveis sucessores, estabelecendo metas e prazos. Sugeriu que ambos passassem por um processo de *coaching*. Ao final, Fabrício disse para Marcelo e, em seguida, ao se reunir com ele e Luiza: "O Frederico está mais preparado do que eu. Eu falei para ele tudo o que eu acho e estou muito satisfeito de ter Fred como meu chefe."

Formado em Administração de Empresas pela Fundação Getúlio Vargas (FGV) e com MBA na Universidade de Stanford (EUA), situada no Vale do Silício, berço do mundo digital, Fred já tinha trabalhado no Deutsche Bank, na área de investimento em *private equity*. Acompanhou a bolha da internet no final dos anos 1990, quando houve grande especulação com ações de empresas baseadas em negócios virtuais e, atento à disrupção que a internet causaria no varejo, voltou para a empresa da família em 2000 para montar o *e-commerce* do Magazine Luiza. Sua primeira tarefa como gerente de comércio eletrônico foi conceber o site do grupo. Em 2004, tornou-se diretor de vendas de lojas físicas, internet e marketing. Em 2011, passou a se encarregar de toda a parte de logística e tecnologia da companhia.

Quando assumiu a presidência, em janeiro de 2016, dois desafios o aguardavam: promover a transformação digital da empresa e garantir a travessia de um período bastante turbulento da economia brasileira. O Produto Interno Bruto (PIB) acumulou queda de 7,2% no biênio 2015-2016. Foi a pior recessão da economia brasileira desde 1948, quando o índice começou a ser calculado. De acordo com o IBGE, ao encerrar 2016, o PIB chegou ao mesmo nível do terceiro trimestre de 2010.

O varejo sofria o impacto dessa crise. Com altas dívidas, o valor de mercado da companhia em novembro de 2015 tinha chegado ao fundo do poço, abaixo de R$ 200 milhões, bem inferior ao *valuation* de quase R$ 926 milhões quando fez o IPO, a oferta pública inicial de ações, em abril de 2011.

Apesar de toda a sua experiência anterior e da cuidadosa, progressiva e consistente preparação prévia, o mercado tinha certo receio em relação à promoção de Fred à presidência naquele momento adverso. Mas o CEO conseguiu virar o jogo a favor da companhia: fez as ações da MGL3 se valorizarem mais de 3.200% na bolsa, e ainda transformou a tradicional rede varejista de centenas de lojas físicas em um *player* bem-sucedido no eletrizante clube do comércio eletrônico. Dois feitos notáveis! "Em um ambiente de revolução digital, em que empresas relevantes se tornaram irrelevantes da noite para o dia, o segredo é não ter medo de abraçar a inovação", afirmou o executivo em reportagem publicada no jornal *Estado de Minas* em 6 de abril de 2018.

Nada acontece por acaso. De personalidade decidida e ao mesmo tempo afável, traços herdados da mãe, Fred foi se preparando ao longo do tempo para assumir o comando caso fosse convocado, como de fato aconteceu. Desde a adolescência, trabalhava durante as férias escolares no Magazine Luiza — uma tradição na família Trajano. Quando virou CEO, tinha uma sólida e diversificada base de conhecimento do negócio. Foi necessário um profundo esforço de enxugamento de custos para aumentar a eficiência operacional da empresa, bem como para reinventar o modelo de negócios. Com um perfil bastante pragmático, Fred tomou ações decisivas: aumentou a disciplina financeira, tornou mais eficiente a gestão de custos e promoveu a integração das lojas físicas com a plataforma de vendas digital em um momento que outras varejistas faziam o movimento inverso. A recuperação das vendas em todas as plataformas e a comercialização complementar de produtos de terceiros em seu canal digital (*marketplace*) ajudaram bastante na retomada.

O PROCESSO DE PASSAGEM DO BASTÃO

As passagens de bastão de Luiza Helena para Marcelo e deste para Fred foram bem planejadas. Houve também um importante preparo da gestão e da governança para estruturar processos, sistemas e regras que fossem claros e práticos, a fim de que a transição não se limitasse à mera troca de nomes e personalidades.

O primeiro passo na caminhada de estruturação da governança aconteceu em 1996, quando o Magazine Luiza divulgou seu primeiro balanço auditado externamente, apesar de na época ser ainda uma companhia de capital fechado. A partir de 2003, quem se encarregou desse trabalho foram algumas das grandes auditorias internacionais, as chamadas "Big Four".

O segundo passo relevante foi dado em 2001, quando o Magazine fez uma sociedade com o Unibanco e criou o LuizaCred. Em seguida, montou uma *joint venture* financeira com o Itaú Unibanco. Ficar sócio de uma instituição financeira desse quilate foi uma alavanca não apenas negocial, mas também de governança, que possibilitou alçar novos voos.

O terceiro passo ocorreu quando o Magazine buscou um fundo, o Capital Group, que atua internacionalmente desde 1931. A convivência com o novo parceiro, que adquiriu 12,5% da empresa, ajudou a aprofundar a governança. Foi um salto qualitativo e tanto.

As sementes estavam sendo plantadas enquanto a empresa se profissionalizava e se modernizava. Como parte desse processo da boa governança, Luiza percebeu de forma proativa que estava na hora de iniciar outro ciclo na carreira profissional. Foi quando ocorreu a primeira troca de comando executivo para Marcelo. Representante dos acionistas majoritários, Luiza Helena passou a presidir o Conselho de Administração.

O fundo já indicava que Frederico poderia assumir naquele momento, mas Luiza, de forma bastante perspicaz e acertada, preferiu construir a ponte com Marcelo. "Mãe passar o cargo para o filho não era do meu gosto", revelou durante o evento Sucessão e Governança das Empresas Familiares, realizado pela FGV em 26 de julho de 2019. Atendendo àquele aceno feito por Luiza, Marcelo telefonou avisando que seu último dia na Pernambucanas havia chegado. Após a conversa inicial, foi apresentado ao conselho e se formou um consenso. Virava-se uma importante página na história do Magazine.

Ser liderado por Marcelo Silva foi uma proveitosa lição para Frederico. Seria preciso respeitar horários, planejar férias e prestar contas ao superior hierárquico, o que muda a relação. Responder a um membro muito próximo da família pode dar margem a certas informalidades. Afinal, mãe é mãe, e pai é pai. Anos mais tarde, Luiza teve outro vislumbre estratégico. A transformação digital engatinhava, e ela já percebia os sinais do que viria pela frente. Explicou a Marcelo que talvez nenhum dos dois seria tão indicado para conduzir a transição digital. Poderia ser Frederico, ou alguém com as novas habilidades e conhecimento necessários. Estava dada a senha para acionar a segunda etapa da sucessão. Não havia prazo determinado. Marcelo já estava perto de completar cinquenta anos de atividade profissional, atuando desde 1978 como executivo. "Revisamos a governança, depois fizemos um plano de transição durante o ano de 2015 todo", contou Marcelo durante o já citado evento da FGV. "Frederico e Fabrício, os dois representantes da terceira geração, se prepararam, fizeram *coaching*. À medida que eu ia passando algumas áreas — a logística, a tecnologia, além de marketing —, era evidente que estava chegando a hora."

OS PILARES DA SUCESSÃO BEM-FEITA: UMA PITADA CONCEITUAL

A sucessão continua sendo um ponto sensível nas empresas familiares. Poucas sobrevivem ao afastamento do seu fundador. O número das que chegam à terceira geração é mínimo. No contexto mundial, apenas 12% das empresas familiares atingem tal estágio, e no Brasil essa porcentagem não ultrapassa 5%, de acordo com a Pesquisa Global sobre Empresas Familiares 2016, conduzida pela PwC.

A falta de planejamento sucessório estruturado e de compromisso entre os diferentes *players* é a principal causa dessa dificuldade. Os problemas geralmente começam na passagem da primeira para a segunda geração. Os fundadores têm enorme dificuldade de largar o bastão e escolher um sucessor. Se há mais de um herdeiro, a complexidade cresce, e, quando mais de uma família está envolvida no processo, a complexidade se multiplica.

Muitas vezes torna-se necessário equacionar assuntos delicados e intensos na família como requisitos para uma sucessão bem-resolvida. Instrumentos e ferramentas como protocolo familiar e acordo de acionistas podem ser fundamentais para solucionar questões jurídicas, legais, societárias e tributárias, dentre outras.

A maioria das empresas precisa evoluir em vários tópicos que constituem o intangível da sucessão, tais como:

Planejamento antecipado: É preciso evitar a improvisação. A capacitação de prováveis sucessores internos ou externos requer tempo, no geral de três a cinco anos. O processo de preparação da empresa (sistemas, regras, governança etc.) também não é automático. Às vezes leva alguns anos para arrumar a casa. O melhor é começar quando tudo está bem. Fazer sucessão em momento de crise do negócio ou de conflitos de interesses entre sócios ou entre dirigentes pode ser desastroso.

Direcionadores estratégicos: Sucessão não é "apenas" passar o bastão para outra pessoa. Também muito importante é ter, como instrumento da passagem e delegação, os direcionadores estratégicos bem claros, alinhados e compartilhados: propósito definido, resultados desejados, prioridades, mapa de valores, atitudes e código de conduta, tudo isso coerente com o projeto de governança.

Projeto de governança: Envolve também preparar a empresa para o próximo capítulo da sua trajetória, com práticas da boa governança, regras claras, processos e sistemas adequados, normas de *compliance*, alçadas de decisão, regimento do conselho e dos eventuais comitês que se reportam ao conselho, como os comitês de investimento, de auditoria e risco, de pessoas e segurança, dentre outros.

Contrato de expectativas entre sucessor e sucedido: Explicitar os papéis futuros do sucedido e do sucessor e a interface entre ambos é outro requisito fundamental para uma troca bem-sucedida, transitando por temas delicados como:

- **Papel relevante para o sucedido.** Esta solução não só evita sentimentos negativos no sucedido, como constrói em cima da sua experiência e demonstra respeito à memória da empresa e ao legado dos fundadores.
- **Integração entre passado e presente.** A harmonia entre sucessor e sucedido sinaliza evolução em vez de revolução. Muitas vezes o sucedido resiste a fazer a passagem por temer que o sucessor mude tudo radicalmente como se tivesse recebido uma "herança maldita".
- **Alguns fundadores julgam-se eternos.** A história e o anedotário das empresas estão recheados de casos de fundadores que se consideram insubstituíveis ou imortais. Até que eventos inesperados ou indesejados ocorrem, como acidentes, doenças ou outros imprevistos, pegando a empresa de surpresa.
- **Separação do patrimônio da gestão:** Ter um *family office* cuidando do patrimônio da família e participando do Conselho de Administração no papel de acionista/investidor e delegar a gestão do negócio a profissionais

do mercado tem sido a solução adotada em muitos casos. Isso não exclui a possibilidade de um ou mais membros da família tornarem-se líderes e gestores da empresa, desde que tenham competência comprovada.

- **Busca do sucessor:** Qual é o perfil desejado do sucessor? Mais do que descrição de cargo, trata-se de explicitar as características da pessoa, o seu "grau de encaixe" no que tange a vários tópicos, tais como: tipo de negócio, momento da empresa, resultados desejados, cultura organizacional e personalidades envolvidas. Deve haver clareza se a procura é por uma pessoa feita à imagem e semelhança do sucedido ou por alguém que o complemente e que venha a ser mais adequado às novas circunstâncias do negócio. Um erro muito frequente é o de buscar profissionais com base no histórico ou no presente da empresa, quando a ênfase deve ser dada ao contexto futuro do qual a empresa fará parte. Um processo adequado de sucessão deve sempre ter como premissa o valor da complementariedade e a importância do foco no futuro.

- **Diferença entre sucessor e substituto:** Além de olhar para o futuro, procurando ter sempre mais de uma opção para o processo de sucessão, também é preciso cogitar a possibilidade de, forçada às vezes por circunstâncias inesperadas ou indesejadas, a empresa ter de proceder à troca imediata de comando. Quem seria o substituto? Assim, uma das regras de ouro é sempre ter duas ou três alternativas claramente identificadas para o papel de substituto no curto prazo e para os candidatos a sucessores no médio e no longo prazo. Nem sempre os candidatos a substituto são os mesmos candidatos à sucessão.

APRENDIZADOS ÚTEIS PARA VOCÊ E SUA EMPRESA

Além das reflexões feitas até aqui sobre ações exemplarmente postas em prática pelo Magazine Luiza, há vários outros fatos ou iniciativas que contribuíram para o êxito da sucessão na empresa e podem nos servir de lição:

- Entrada de um investidor e/ou de um sócio estratégico para acelerar o processo de profissionalização e de estruturação da governança. No caso Magalu, o Unibanco e o Capital Group.
- Papel do sucessor x papel ativo do(s) sucedido(s). No caso, foi muito mais do que simplesmente ir para o Conselho de Administração, mas construir um novo papel coerente com o novo ciclo da empresa. Assim os sucedidos (tanto Luiza Helena quanto Marcelo, que também passou a integrar o conselho) continuam bastante relevantes no novo momento do Magalu.
- Passagem de bastão embasada em um projeto estratégico: propósito, resultados desejados, cultura/mapa de valores/código de conduta, governança explícita com papeis claros do conselho, comitês etc.
- O alinhamento à cultura/alma da empresa é um dos critérios fundamentais na escolha do sucessor, assim como o seu "grau de encaixe" com o estágio no ciclo de vida da empresa, com os resultados desejados no futuro e com a força das circunstâncias do momento.
- "Você precisa procurar para a sucessão uma pessoa que tenha valores como os seus, e deixar claro os valores dos quais não vai abrir mão de jeito nenhum", declarou Luiza Helena durante o evento da FGV. "Procurei

uma pessoa que respeitaria nossos valores, e também procurei complementação."

- A "ponte" fundamental no processo foi a que Luiza construiu por meio de Marcelo, que viabilizou a transição. Ela ensina: "Se for chamar um executivo para fazer a ponte, traga alguém que não coloque o lucro acima dos valores e de tudo o que foi construído na empresa pelos sucedidos."
- Sucessores com perfil complementar e focados no futuro e não no passado, como ocorreu tanto na transição de Luiza para Marcelo quanto na passagem de bastão deste para Fred.
- Preparação do sucessor: Fred foi se preparando ao longo da sua trajetória, inclusive durante um período de oito anos fora da empresa, o que proporcionou a ele experiência diversificada e pode ter sido um dos diferenciais na hora da decisão.

LIÇÕES ADICIONAIS

O processo de sucessão transcorrido no Magazine Luiza deixa mais algumas dicas que também colaboram para o resultado positivo:

- Planejar com antecedência e uma visão de longo prazo compartilhada, não imediatista;
- Preparar a empresa nos seus diferentes níveis;
- Envolver os diversos ramos da família;
- Investir em comunicação, clareza, transparência;

LIÇÃO 1. SUCESSÃO EXEMPLAR 39

- Envolver outros executivos da empresa no processo de sucessão;
- Disponibilizar mentoria ou *coaching* para candidatos a sucessor e para os demais líderes;
- Resolver situações familiares de forma rápida para não contaminar a empresa.

PRÓXIMOS DESAFIOS

O maior legado de Luiza Helena não é "apenas" o negócio em si, com o extraordinário valor de mercado que a empresa alcançou. Seu maior legado é a equipe profissional que formou através de um processo de sucessão em várias etapas, inicialmente com Marcelo e, em seguida, com Fred.

Em agosto de 2018, uma cena emocionante na premiação Melhores CEOs do Brasil da revista *Forbes*: a mãe, Luiza, entregou o prêmio ao próprio filho, Frederico. Na ocasião, Luiza escreveu no LinkedIn: "Sempre ensinei meus filhos a tocarem na banda em vez de simplesmente vê-la passar. E foi com muito orgulho, emoção e sensação de missão cumprida que pude entregar ao meu filho, Frederico Trajano, o Prêmio Melhores CEOs do Brasil, realizado pela Forbes."

Outro momento marcante aconteceu em julho de 2021, quando mãe e filho foram vencedores da 21ª edição do prêmio "Executivo de Valor", que homenageou, numa cerimônia on-line, 24 CEOs pelas habilidades de liderança e gestão na condução de suas empresas em 2020. Frederico Trajano se destacou na categoria Transformação Digital; Luiza Helena Trajano foi escolhida na de Presidente de Conselho.

Vale lembrar o diálogo entre Luiza e Fred durante o programa *Mundo Digital*, transmitido ao vivo pelo Instagram no dia 8 de julho de 2019. Ela perguntou: "Como é ter mãe executiva que está junto?" Fred respondeu sem pestanejar: "É um privilégio. Mãe não compete, tem alma generosa. Você é de transmitir conhecimento. Com a tia Luiza também foi assim."

Quando assumiu, Fred prometeu aos fundadores liderar a empresa rumo ao seu centenário, que ocorrerá em 2057, mas provavelmente deverá passar o bastão antes disso. Mesmo sendo bastante jovem ainda, aos quarenta e cinco anos, nunca é cedo para indagar: como será a sua sucessão? Para alguém da sua família? Para outra pessoa entre os acionistas majoritários? Para um(a) executivo(a) já na estrutura atual? Ou para um profissional do mercado?

Certamente o conselho já tem identificado quem seria o substituto imediato de Fred, se necessário, por algum impedimento inesperado ou indesejado. E da mesma forma, o conselho e o atual presidente já devem ter começado a arquitetar o seu próprio processo de sucessão no médio e longo prazo. Quando e como será?

PAUSA PARA REFLEXÃO

- LISTE TRÊS SITUAÇÕES DE SUCESSÃO QUE VOCÊ CONHECE E QUE FORAM OU ESTEJAM SENDO BEM CONDUZIDAS.

- LISTE TRÊS SITUAÇÕES DE SUCESSÃO QUE VOCÊ CONHECE E QUE FORAM OU ESTEJAM SENDO MAL CONDUZIDAS.

- DA DESCRIÇÃO DO CASO MAGALU, QUAIS AS TRÊS PRINCIPAIS LIÇÕES QUE VOCÊ TIROU?

A) _____
_____

B) _____
_____

C) _____
_____

***QR CODES*: ACESSE E VEJA MAIS**

ENTREVISTA DE LUIZA E FRED NO *MUNDO DIGITAL*

FOTOS DA PRIMEIRA LOJA DO MAGAZINE LUIZA EM FRANCA

POCKET VÍDEO DO AUTOR SOBRE O DESAFIO DA SUCESSÃO

LIÇÃO 2

Cliente no centro de tudo

"Colocamos o cliente no centro de tudo. Temos paixão por servir."

Ouvi essa declaração de uma simpática e eficiente atendente da loja Magalu situada na rua Teodoro Sampaio, na capital paulista, há vários anos, quando acompanhava um amigo que pretendia comprar um televisor especial às vésperas de uma Copa do Mundo.

Fiquei tão impressionado que anotei sua fala no bloco que sempre carrego no bolso. Percebi, depois, que uma frase parecida consta no site da empresa. Desde então, adquiri o hábito de visitar as lojas Magalu nas cidades para onde viajava atendendo clientes ou fazendo palestras. Queria comprovar minha hipótese de que a empresa respira cliente.

As frases não eram sempre iguais, variavam de um local para outro, até ao serem pronunciadas com sotaques regionais, mas o espírito era e permanecia o mesmo: o Magalu tem o cliente no seu DNA.

A empresa gosta de se apresentar como "gente que gosta de gente", um dos seus valores, como também o compromisso de "colocar o cliente em primeiro lugar". Sua visão reforça esse valor: "Ser o grupo mais inovador do varejo nacional, oferecendo diversas linhas de produtos e serviços para a família brasileira. Estar presente onde, quando e como o cliente desejar, nos diferentes tipos de lojas disponíveis ou nos canais on-line. Encantar sempre o cliente com o melhor time do varejo, um atendimento diferenciado e preços competitivos."

A prática do Magazine Luiza com seus clientes foi uma das minhas inspirações para criar o termo Clientividade®. Sentia o desconforto, desde o meu tempo de executivo, de não existir em português uma palavra que chamasse a atenção para o personagem mais importante na vida de uma empresa: o cliente! A mais próxima é "marketing", emprestada do inglês.

Sempre achei que no mix de marketing do professor Philip Kotler, que menciona os famosos quatro Ps — produto, promoção, preço e *place* (distribuição) —, faltava algo essencial. O cliente não deveria estar no centro desse modelo?

Pensava em algo simples. Vinha à mente a palavra "produtividade", que tem base etimológica em um dos quatro Ps do marketing, o produto. Ou "competitividade", que se origina em competidor, concorrente. Buscava uma palavra curta e direta que dissesse respeito ao que é o princípio de qualquer negócio, o cliente. Assim surgiu "clientividade", que de uma palavra virou um conceito, uma metodologia, um livro e uma prática em várias empresas.

A primeira grande inspiração veio quando conheci o comandante Rolim, piloto de aeronaves que fundou uma com-

LIÇÃO 2. CLIENTE NO CENTRO DE TUDO

panhia aérea e a transformou na maior do Brasil, entre os anos 1970 e 2001. Ela se destacava pela forma de tratar os passageiros, uma cultura de encantar o cliente que infelizmente se perdeu quando Rolim faleceu. A empresa continuou crescendo, mas se distanciou do espírito de servir, muito peculiar do seu fundador.

Sempre observei atentamente outros casos de atendimento exemplar. Vibrava com barraqueiros de praia, vendedores de coco, baianas de acarajé, garçons e *maîtres* em bares e restaurantes, camelôs, funcionários de hotéis, vendedoras de butiques, além de vários taxistas. Ficava fascinado ao observar como esses profissionais, de forma intuitiva e genuína, colocavam o cliente no centro do seu modelo mental.

Ao mesmo tempo, eu percebia que grande parte das empresas e dos profissionais estava mais voltada para dentro de si, mais preocupada com produção, normas, estrutura, equipamentos, processos e sistemas — enfim, com os assuntos internos — do que com o cliente. Seu modelo mental dava a entender que o cliente era deixado do "lado de fora" das paredes da empresa.

Estava na hora de trazer o cliente de volta para o lugar de onde nunca deveria ter sido tirado: o centro das nossas decisões e atitudes; o centro das nossas mentes e corações.

Inquieto, sempre me empenhei para convencer os líderes empresariais com quem trabalho de que, para aumentar o grau de fidelização de seus clientes, tornava-se necessário:

- deixar de vender produtos e serviços e passar a vender soluções integradas;
- parar de pensar apenas "de dentro para fora", focados na nossa estrutura, no nosso organograma, e passar a

- pensar também "de fora para dentro", no "clientograma" (outra palavra que inventei);
- aprender a "respirar" cliente. Isso mesmo! Não apenas ter foco no ou o foco do cliente, mas respirar cliente, introduzi-lo no nosso DNA e na corrente sanguínea da empresa;
- enfim, eliminar ideias e dogmas ultrapassados e criar uma cultura de clientividade nas nossas empresas.

Faltava o exemplo de uma empresa de porte, estruturada, vencedora e que não se limitasse a palavras e jogadas publicitárias, mas que realmente praticasse a clientividade. Então conheci o Magazine Luiza.

Depois de entrar naquela loja da rua Teodoro Sampaio, assistir a algumas palestras de Luiza Helena Trajano e ler entrevistas dela, passei a visitar outros endereços do Magalu. Tomei conhecimento não só da missão, da visão e dos valores da empresa, mas principalmente da sua prática no dia a dia. E, muito importante, percebi que, diferente do caso do comandante Rolim, a cultura que ela praticava continuava forte na gestão de Marcelo Silva e se consolidou em outro patamar com Fred.

Desde o início da sua gestão, Fred conseguiu integrar a tecnologia para facilitar a relação com seus milhões de clientes, proporcionando o "solucionamento" (outra palavra inventada) de suas necessidades, expectativas, desejos e sonhos.

INICIATIVAS NO DIA A DIA DO MAGALU

A paixão do Magalu pelos clientes não é improvisada, mesmo respeitando a espontaneidade das atitudes das equipes de atendimento. A empresa colocou em prática uma série de iniciativas bem estruturadas para encantar seus clientes, tratando-os como fregueses únicos e emblemáticos. Algumas delas estão destacadas a seguir.

Investir na experiência

O segredo para manter o cliente no centro de tudo, segundo Luiza Helena Trajano, é gostar de pessoas e gostar de servir. "Só duas coisas indicam que a empresa está no caminho certo: atendimento e inovação. O resto vai virar *commodity*: ter produto bom, logística boa, preço adequado. Se você não tiver pessoas alinhadas na cabeça, no coração e no bolso, não tem jeito de dar bom atendimento", disse ela durante o Costumer Experience Summit, realizado no Theatro Net São Paulo no dia 28 de setembro de 2017.

Na época, a empresa estava empenhada na transformação digital, mas sem que o atendimento se tornasse automatizado a ponto de dar ao cliente a impressão de estar falando com máquinas, como infelizmente ocorre em várias outras empresas. "Nunca imaginei que, com esse desenvolvimento da tecnologia, as pessoas passassem a ser tão importantes", acrescentou a presidente do conselho.

Eficiência no atendimento

A companhia está promovendo uma ampla revolução nas lojas físicas — reduzindo de 45 minutos para até cinco minutos o tempo de realização de uma venda, como informa a carta da presidente Luiza Helena Trajano publicada no site do Magalu.

Aplicativo *mobile*

Desenvolvido com foco no cliente para vendas de produtos da rede, o aplicativo Magazine Luiza *mobile* faz parte da estratégia da marca para digitalizar todo o negócio. Montado para facilitar a navegação, ele permite que o consumidor tire foto do cartão de crédito para simplificar o preenchimento de dados, armazena informações sobre os produtos que o cliente mais visitou e traz sugestões personalizadas e dicas para as próximas compras. O objetivo é gerar mais fidelização.

Bob do LuizaLabs

Essa aplicação de *big data* desenvolvida pelo LuizaLabs mudou a forma de trabalhar com conteúdo customizado no Magazine Luiza. Responsável por todas as recomendações de produtos do site magazineluiza.com, o Bob também envia sugestões de compras por e-mail e via redes de *display*. Entre outras funções, disponibiliza, por exemplo, o "Quero de Casamento", uma lista de presentes por meio da qual os noivos recebem créditos a serem utilizados nas lojas físicas ou no site. A finalidade não é apenas alavancar as vendas, mas melhorar a experiência do cliente.

O LuizaLabs é um laboratório de tecnologia e inovação criado pelo Magalu em 2014 com a proposta de desenvolver produtos e serviços com foco no varejo a fim de oferecer ao consumidor mais benefícios e melhor experiência de compra. Formado por um grupo de engenheiros e desenvolvedores, viabiliza projetos de inovação para todos os canais de venda, não só no on-line, mas também no off-line, como a dinamização da forma de pagamento nas lojas físicas para diminuir o tempo do procedimento e reduzir filas.

Atendimento ágil, fluido e sem gargalos

Para aprimorar seus processos de atendimento, eliminar gargalos e diminuir atritos com o consumidor, o Magalu adotou uma plataforma projetada por uma empresa internacional de desenvolvimento de softwares voltados para aprimorar a relação com o cliente. Essa plataforma integra em um único lugar todas as demandas dos clientes — reclamações, solicitações e elogios — e o histórico de interação, não importa o canal por onde tenha sido feita. Elimina, assim, a multiplicidade de ferramentas usadas pelas equipes de atendimento, favorece o resgate de informações e permite que o atendente trabalhe de forma muito mais ágil e produtiva. Desse modo, a empresa está alinhada ao conceito de *frictionless*, o ato de compra sem atrito, que tem se tornado cada vez mais importante com o crescimento dos negócios virtuais.

Parceria em prol do cliente

Outra plataforma otimiza a logística, talvez o maior desafio do *e-commerce*, já que envolve pedidos, entregas e trocas, sobretudo nos períodos de grande demanda como a Black Friday. Desenvolvido com o apoio de experts em informática, o mecanismo relaciona as perguntas mais frequentes dos clientes para ajudar os atendentes a resolverem dúvidas de forma rápida e intuitiva e a identificarem o melhor meio de agilizar o atendimento. Fora isso, a ferramenta compartilha dados com as transportadoras, permitindo que elas deem respostas rápidas a cada ticket recebido. Com os investimentos em tecnologia e logística, o grupo conseguiu elevar o percentual de entregas feitas no mesmo dia de 5% para 51% no intervalo de doze meses.

Atenção ao cliente analógico
O Magalu inovou ao lançar o conceito de loja virtual, desde 1992, para atender cidades com número menor de habitantes. Sem eletrodomésticos em exposição como nas lojas físicas, dispondo apenas de mesas e computadores com mostruário digital, essas lojas foram idealizadas para conquistar os clientes analógicos — que se identificam com o varejo físico e não estão familiarizados ou não têm acesso ao *e-commerce*.

Inicialmente as imagens dos produtos eram gravadas em fitas de videocassete, depois o Magalu passou a empregar recursos multimídia até implementar seu site de vendas, que hoje é acessado pelos vendedores por tablets ou celulares. A tecnologia é utilizada em todas as fases do processo de venda, mas mantendo o calor humano, ingrediente fundamental nas interações do Magalu com sua clientela. Luiza Helena, em um evento realizado pela FGV em julho de 2019, contou: "Ao chegar às pequenas cidades, a empresa anunciava: 'O Magazine Luiza traz para a sua cidade a loja do ano 2000.'"

Em 2019, as duzentas lojas virtuais começaram a ser reformuladas para ampliar a experiência do cliente. A chamada "loja 2.0" comercializa mais de 12 milhões de itens, de aparelhos eletrônicos a fraldas e artigos para pet, além de serviços digitais para uso em plataformas, como Spotify e Netflix. Grandes telas interativas informam sobre produtos e serviços, há mais espaço para exposição e experimentação de produtos e um local anexo, o "Magalu para Você", destinado à realização de cursos, palestras e outros eventos para a comunidade. Produtos campeões de venda estão disponíveis para retirada, aumentando a velocidade da entrega e diminuindo o custo para o cliente.

"Teremos as lojas mais bonitas, interativas e tecnológicas do Brasil", disse Fabrício Garcia, vice-presidente do Magazine

Luiza, durante a inauguração da primeira loja neste novo formato, em 14 de novembro de 2019, em Barra Bonita, interior paulista. "Poderemos transmitir ao vivo eventos realizados pela empresa, aumentar a interação para mostrar que vendemos de tudo no Magalu e aplicaremos também a tecnologia que permite fechar a venda via tablet, sem precisar ir até o caixa."

Programa de fidelidade

Ele é oferecido aos clientes que nos 24 meses anteriores fizeram pelo menos três compras no Magalu em dias diferentes. Quem adere ao programa adquire o status de "Cliente Ouro", recebe um presente de boas-vindas na primeira compra e ainda tem direito a descontos e condições especiais de pagamento todos os dias, ofertas personalizadas, cartão de crédito sem anuidade, atendimento prioritário no 0800 e a participação no Dia do Ouro. Nesse evento tradicional do Magalu, as lojas são preparadas para receber os clientes mais fiéis com um belo café da manhã, sorteio de brindes e promoções especiais.

O Dia do Ouro
Depoimento da jornalista Cristina Nabuco

Já estive em um café da manhã de Cliente Ouro, em novembro de 2002.

Aos dez anos, minha filha Patrícia participou do concurso de redação "Se eu fosse presidente do Brasil", promovido pelo Magazine Luiza. O colégio onde ela estudava escolheu as melhores redações dos alunos para concorrer com as de estudantes de outras escolas e se encarregou da inscrição. A redação dela foi eleita a melhor de São José do Rio Preto. O prêmio era uma bicicleta. Quando fomos buscar, a loja estava enfeitada com bexigas e com o nome dela em destaque. Fomos recebidos em clima de festa.

Então Patrícia foi convidada, junto com os pais e a irmã, para o café da manhã de Cliente Ouro em Franca. Ali estariam todos os finalistas e seria anunciado o vencedor. O café da manhã foi impecável! O salão estava decorado como se fosse uma festa de casamento. Encantados por serem tratados com tanta deferência, os clientes demonstravam orgulho por ostentarem o título "Cliente Ouro" e por terem sido convidados a participar daquele evento. Também ficou evidente a admiração que sentiam por Luiza Helena, aplaudida e tratada como celebridade. Para mim foi uma surpresa. Na época, embora houvesse filial em Rio Preto, a rede não era tão famosa aqui como era em Franca. Eu nem sabia quem era Luiza Helena.

Patrícia foi a vencedora do concurso. Ganhou um computador — o primeiro que ela teve —, além de um belo troféu das mãos de Fred, então diretor de marketing.

Atualmente, Patrícia Nabuco Martuscelli tem vinte e nove anos e é professora de Relações Internacionais da Universidade de Sheffield, na Inglaterra.

Linha direta com o cliente

Em geral, serviço de atendimento ao consumidor produz muita estatística: entrou tanto, perdeu tanto... Luiza Helena percebeu que eram estatísticas sem essência, pois, na hora H, esses serviços não resolvem a queixa do cliente. Por isso, ela decidiu criar um serviço de atendimento com essência. "Comecei com meu telefone particular há mais de vinte anos. O Magazine era pequeno ainda. Aí publiquei no jornal: se você não for bem atendido, procure o gerente da loja ou ligue para este número. Pus minha foto e meu número, que depois mudou para 0800. Até hoje, o diretor do SAC é a única área operacional que ainda reporta para mim", contou durante o CX SUMMIT 2017.

Considerando-se "maníaca pelo atendimento" depois de ficar vinte e cinco anos trabalhando no balcão diretamente com o cliente, Luiza Helena afirmou nesse mesmo evento: "Os próprios vendedores da loja falam: manda e-mail para a Luiza Helena que ela resolve." Essas mensagens chegam quando o cliente já entrou em contato com outras instâncias e não conseguiu solucionar o problema. "Eu não tenho aqueles e-mails automáticos (detesto!). Peço desculpas e no dia seguinte a gente resolve. Tenho uma equipe para atender essas situações."

Monitoria do site Reclame Aqui

Uma das formas de conferir o nível de "solucionamento" é pesquisar a reputação da companhia no site Reclame Aqui. Em 8 de junho de 2021, o Magazine Luiza OnLine estava em segundo lugar no ranking das empresas que mais resolveram problemas nos últimos trinta dias. Só perdia para o iFood, e estava à frente de concorrentes diretos: Americanas Marketplace (terceiro lugar), Amazon (quarto lugar) e Mercado Livre (quinto lugar).

Com nota 8,5, o Magalu respondeu 97,1% das reclamações e resolveu 92,1% dos problemas. Mereceu, inclusive, o selo Reclame Aqui. "Somos uma plataforma digital com pontos físicos e calor humano, e damos acesso à tecnologia que desenvolvemos para todos que contam com a gente", informa o texto que a apresenta no site Reclame Aqui como "uma empresa que tem o varejo na alma".

Isso tudo é fruto de um engajamento pessoal das lideranças. "Se a pessoa diz que foi para o Reclame Aqui, quase morro, não durmo à noite, como se tivesse uma lojinha só", contou Luiza Helena durante o evento sobre sucessão e governança das empresas familiares promovido pela FGV em 2019. "Por isso eu sei de tudo o que se passa no site. Entro em contato direto com o cliente. Agora, leio a reclamação e levo para o *compliance*."

Situações de crise como a desencadeada pela pandemia de Covid-19 têm sido um teste de fogo para as empresas. Nem todas as que se apresentam como inovadoras têm conseguido sustentar seus discursos ou sequer sobreviver na hora da verdade. O Magazine Luiza cresceu nesses tempos bicudos reforçando sua operação digital, que se mostrou sustentável e cada vez mais sintonizada com o compromisso de priorizar as equipes e os clientes.

"Fomos os primeiros a fechar e não deveremos ser os primeiros a reabrir", disse Frederico Trajano em entrevista ao jornal *Folha de São Paulo*, em abril de 2020. "Nossa posição hoje é aguardar até garantir que protocolos de segurança e saúde dos trabalhadores e clientes estejam aderentes e estejamos confortáveis com eles."

A digitalização avançada e integrada da companhia abriu possibilidades: "Temos condições — ferramentas que desenvolvemos — de vender mesmo com uma loja fechada. Nossos vendedores têm telefone celular e estão sendo habilitados para vender até de casa, sem precisar ir para uma loja trabalhar."

APRENDIZADOS ÚTEIS PARA VOCÊ E SUA EMPRESA

- Não é suficiente ter grandes ideias ou boas intenções com relação ao cliente. É necessário traduzir essas ideias na prática, transformá-las em iniciativas concretas e tangíveis no cotidiano da empresa.
- O exemplo vem de cima. Cliente é missão de todos, do porteiro ao presidente. O engajamento da liderança é essencial — vide exemplos de Luiza, Marcelo e Fred.
- A paixão pelo cliente não é um projeto, nem um slogan, mas um pilar da cultura.
- As equipes precisam de muito treinamento, não apenas técnico, mas atitudinal. Encantar colaboradores é a primeira etapa no processo de encantamento dos clientes.
- A tecnologia pode ser uma aliada, porém, quanto mais sofisticada, maior é a necessidade de contato humano.
- É possível fazer a "customização em massa", ou seja, atender grande número de clientes sem perder certa dose de calor humano através da personalização das relações.
- Colocar o cliente no centro do processo decisório e do modelo mental de todos é a pedra fundamental na transformação cultural de uma empresa.

PRÓXIMOS DESAFIOS

Para consolidar seu patamar de desenvolvimento, o Magalu precisará aprofundar algumas questões:

Como harmonizar a ampliação da capilaridade dos serviços, evitando perder o foco no cliente e dispersar energia no que não é essencial para a execução da sua estratégia?

Como garantir a manutenção da característica básica que a empresa tem realizado tão bem até aqui, preservando certo grau de personalização na relação com seus milhões de clientes?

Como posicionar suas equipes para evitar uma indesejada "pororoca cultural" advinda de investimentos em grande número de *startups* que apresentam soluções disruptivas e, assim, continuar trilhando o caminho da inovação?

Como continuar atentos e com os radares ligados na gestão da reputação a fim de evitar surpresas, como alguns fatos noticiados sobre outros varejistas em situações lamentáveis?

LIÇÃO 2. CLIENTE NO CENTRO DE TUDO

PAUSA PARA REFLEXÃO

- LISTE TRÊS SITUAÇÕES DE ATENDIMENTO E RELACIONAMENTO COM O CLIENTE QUE VOCÊ CONHECE E QUE FORAM OU ESTEJAM SENDO BEM CONDUZIDAS.

- LISTE TRÊS SITUAÇÕES DE ATENDIMENTO E RELACIONAMENTO COM O CLIENTE QUE VOCÊ CONHECE E QUE FORAM OU ESTEJAM SENDO MAL CONDUZIDAS.

- DA DESCRIÇÃO DO JEITO DE SER MAGALU NA RELAÇÃO COM O CLIENTE, QUAIS AS TRÊS PRINCIPAIS LIÇÕES QUE VOCÊ TIROU?

A) _____
_____

B) _____
_____

C) _____
_____

***QR CODES*: ACESSE E VEJA MAIS**

LUIZALABS

FOTO DE PATRÍCIA NABUCO MARTUSCELLI, LUIZA HELENA E FRED NO DIA DO OURO EM 2002

POCKET VÍDEO DO AUTOR SOBRE O DESAFIO DE COLOCAR O CLIENTE NO CENTRO

LIÇÃO 3

Paixão pelas pessoas e equipes

"O que diferencia uma empresa da outra são as pessoas. Começando pelos donos, pelos conselheiros, pelos diretores, pelos gerentes, pelos líderes da organização, até a base. A gestão deve cuidar das pessoas, dos colaboradores, para que eles cuidem bem dos clientes — e essa tarefa deve ser observada pelo conselho." Essa afirmação de Marcelo Silva, vice-presidente do conselho do Magalu, publicada na revista *Seu Dinheiro*, em 19 de agosto de 2019, resume um importante aspecto do jeito de ser Magalu: a valorização das pessoas e das equipes.

Tenho dito em inúmeras palestras que não existe cliente encantado em empresa com funcionários infelizes, e que o melhor marketing começa dentro de casa. Se os colaboradores estiverem felizes, orgulhosos da empresa onde trabalham e da "camisa" que vestem, não apenas atenderão bem, mas vão superar expectativas, agregar valor e fidelizar os clientes à marca que representam.

Marcelo Silva foi muito lúcido e assertivo ao explicitar, na entrevista a *Seu Dinheiro*, a relevância desse intangível que é o engajamento das pessoas e equipes para o sucesso de uma empresa:

"Mesmo com mudanças no modelo de negócio de uma companhia, é fundamental que ela preserve seus valores, seu propósito, sua missão. Esses são os pilares de sustentação do negócio. É o que eu chamo de alma da empresa. O corpo é a operação, o dinheiro, a performance, os números. Se eu não alimentar adequadamente o meu corpo, vou morrer e minha alma vai para o espaço. Mas se eu não cuidar da minha alma, deixar meus valores de lado, aceitar qualquer proposta que me dê satisfação imediata, o meu corpo também vai sofrer lá na frente — e talvez de uma maneira irremediável. Muitas vezes, o que a gente vê são as empresas, em função do corpo, da performance, do *bottom line* [lucro], se desviarem dos seus valores e, lá na frente, pagarem a conta."

De fato, o Magalu tem cuidado muito bem da sua "alma", cultivada e alimentada por um conjunto de valores, diretrizes, iniciativas, atitudes e simbolismos que são praticados no dia a dia da companhia nos seus mais diferentes níveis e localidades. A empresa conseguiu a façanha de tornar o ser humano e o lucro elementos indissociáveis na execução da sua estratégia de negócios.

Graças ao seu estilo de gestão de pessoas, caracterizado pelo calor humano nas relações, os colaboradores do Magalu são quatro vezes mais propensos a se sentirem orgulhosos da empresa, na comparação com a média nacional, de acordo com a pesquisa Melhor Empresa para Trabalhar no Brasil 2020 do Great Place to Work (GPTW).

O Magalu figura nas listas elaboradas por esse Instituto há mais de vinte anos de forma consistente e, no ano de 2020, foi escolhido a melhor empresa para trabalhar no ramo do varejo e a segunda melhor no ranking geral no Brasil. "Em 1998, após um ano da publicação do primeiro ranking do GPTW, o Magazine Luiza entrou para o time das Melhores Empresas para Trabalhar no país. E não saiu mais. Como sempre dizemos, entrar no ranking é difícil; se manter por tantos anos é mais difícil ainda", afirma Ruy Shiozawa, CEO do GPTW Brasil.

Nada disso é por acaso. Diversas iniciativas que promovem o engajamento, o treinamento e a inclusão do seu patrimônio humano — mais de 35 mil pessoas, a maior parte trabalhando nas cerca de 1.300 lojas físicas da rede, localizadas em vinte e um estados — explicam as razões que mantêm a empresa entre as melhores do país por tantos anos consecutivos e o extraordinário grau de comprometimento de sua equipe: as pessoas sentem que, ao contribuírem com o propósito da empresa, recebem incentivo para realizarem também seus propósitos profissionais.

Para elucidar as causas desses fatos diferenciados, é muito importante conhecer o conjunto de valores, diretrizes, iniciativas, atitudes e simbolismos praticados de forma sistemática no cotidiano da empresa. Esse conjunto constitui um dos maiores ativos do Magalu: a sua cultura.

OS VALORES MAGALU

São as "leis pétreas" da relação líder-liderados, que norteiam os comportamentos dos gestores e equipes do Magalu em todos os níveis. Os principais valores, resumidos a seguir, foram extraídos do *Código de Ética e Conduta do Magazine Luiza*:

CLIENTE EM 1° LUGAR: Colocamos o cliente à frente em todas as decisões e para isso buscamos conhecê-lo a fundo. Temos paixão por vender e por atender bem nossos clientes. Buscamos incansavelmente encantá-los e, quando erramos, fazemos todo o esforço possível para reconquistá-los.

GENTE QUE GOSTA DE GENTE: Trabalhamos com energia positiva e celebramos nossas conquistas. Gostamos de trabalhar em equipe, de forma colaborativa, com transparência e "olho no olho", sempre com muito respeito. Feedbacks construtivos são incentivados e bem-vindos. Damos autonomia com responsabilidade e buscamos atrair, valorizar e desenvolver talentos.

"MÃO NA MASSA": Somos ousados e não temos medo de errar. Pensamos fora da caixa e sempre encontramos maneiras de fazer da forma mais simples e criativa. Trabalhamos duro, com proatividade, e resolvemos problemas mesmo que não sejam de nossa responsabilidade. Fazemos acontecer com agilidade, colocando as ideias em prática ainda que não estejam cem por cento. Gastamos a sola do sapato para estarmos sempre próximos da linha de frente.

FOCO NO RESULTADO SUSTENTÁVEL: Evitamos burocracia e excesso de controles. Nos aprofundamos para tomar decisões baseadas em fatos e dados, mas não temos fazê-lo com base na intuição, quando necessário. Confrontamos os problemas quando os encontramos e agimos nas causas-raiz para resolvê--los. Somos íntegros. Acreditamos e praticamos a política do ganha-ganha.

ATITUDE DE DONO: Pensamos na empresa como um todo e na perpetuidade do negócio, não somente em nossa área ou loja: não fazemos "gol de mão". Fazemos mais com menos e somos inconformados com coisas que não estão certas, por isso estamos sempre buscando melhorar e "subir a barra". Respiramos e promovemos nossa cultura.

Grande parte das empresas possui um enunciado dos seus valores, assim como da sua missão e visão. O enorme diferencial do Magalu é que esses valores não estão apenas explicitados, mas são disseminados, entendidos e, principalmente, praticados. Eles funcionam como a corrente sanguínea da empresa e servem para embasar decisões e posicionamentos, orientar comportamentos.

Tais valores não se limitam à prática comum de fazer parte dos documentos oficiais, portais, redes sociais e quadros pendurados ou palavras pintadas nas paredes das empresas. No Magalu, o conjunto de valores é para valer: oferece um norte às pessoas, que são avaliadas à luz de comportamentos coerentes ou dissonantes deles.

Uma das evidências desse processo de aculturamento e educação dos colaboradores do Magalu é a listagem explícita de cinco condutas "inegociáveis" — entenda-se, não admitidas em hipótese alguma e, sob quaisquer circunstâncias, passíveis de demissão por justa causa.

Essas condutas inegociáveis, também descritas no *Código de Ética e Conduta do Magazine Luiza*, expressam os comportamentos que ferem gravemente os valores da companhia, a saber:

1 — Causar prejuízo ao cliente e/ou à empresa
- Causar, intencionalmente, prejuízo financeiro à empresa e/ou ao cliente;
- Obter vantagem indevida no exercício de suas funções;
- Enganar o cliente, induzindo-o a erro ou embutindo serviço financeiro sem seu prévio consentimento;
- Alterar ou manipular resultados de relatórios, fechamento de caixa, jornada de trabalho e outros.

2 — Práticas de corrupção
- Envolver-se direta ou indiretamente em práticas de subornos e propinas, oferecimento de vantagens indevidas e outros atos de corrupção junto a agentes públicos (ex: servidores públicos, políticos, fiscais), bem como a aceitação ou oferta de brindes de qualquer natureza, violando a política de presentes, brindes e hospitalidades junto aos fornecedores e prestadores de serviço e demais parceiros e terceiros;
- Aceitar qualquer tipo de favorecimento pessoal em troca da execução de ações que coloquem em risco a imagem da empresa ou que possam gerar prejuízo financeiro ao Magazine Luiza.

3 — Discriminação de qualquer natureza
- Discriminar qualquer pessoa em razão de raça, cor, crença religiosa, sexo, orientação sexual, nível social ou ideais políticos;

- Faltar com respeito ou tratar de forma diferenciada colaboradores em razão de características físicas e/ou questões ideológicas.

4 — **Assédio moral e sexual**
- Utilizar-se de posição hierarquicamente superior para expor colaboradores, terceiros e prestadores de serviço à situação constrangedora, vexatória ou faltar com respeito no trato pessoal dos subordinados;
- Aproveitar-se de ocasiões e/ou do ambiente de trabalho para constranger colaboradores em busca de oportunidade de relacionamentos amorosos ou sexuais.

5 — **Conflito de interesses**
- Negociar com parentes e/ou amigos sem prévia comunicação ao superior hierárquico;
- Manter relacionamento amoroso com subordinado sem informar à área de gestão de pessoas e ao superior hierárquico;
- Contratar parentes que tenham uma relação de subordinação, como trabalhador efetivo, trabalhador temporário, prestador de serviço ou fornecedor.

DIRETRIZES

Examinando algumas diretrizes da empresa, podemos observar como a gestão de pessoas e equipes do Magalu é coerente com seus Valores.

Oportunidades de crescimento

Todas as vagas são abertas internamente. A empresa segue fortemente a diretriz de não oferecer vagas para o mercado antes de esgotar as possibilidades de preenchê-las com o público interno e gerar oportunidades de crescimento, o que certamente motiva as pessoas e contribui para a retenção de talentos. Além disso, disponibiliza no Portal Luiza um banco de talentos, ferramenta por meio da qual mapeia habilidades, funções e qualificações dos colaboradores.

O depoimento do gerente de divisão Marcos Borges, incluído na edição especial *Magazine Luiza: Respeito, Desenvolvimento e Reconhecimento*, publicada em 2015, exemplifica como essa diretriz se traduz na prática:

> Quando entrei na companhia, eram vinte e sete lojas. Comecei como vendedor, fui encarregado de loja, em seguida gerente em treinamento. Visitei muitos estados e lojas da região. Fui promovido a gerente regional, [cargo] que ocupei por três anos. Fui trabalhar no escritório, na área de vendas. Fazia o papel de gerente comercial da companhia. Antes de o Magazine Luiza ter loja em São Paulo, eu vim como pioneiro para implementar o projeto Grande São Paulo. Nosso objetivo era chegar em São Paulo com cinquenta lojas. Nós acompanhamos a história. O quanto crescemos nesses vinte anos da companhia. Gosto de conviver. Esse é um dos grandes valores da companhia, essa sinergia que você tem com as pessoas que estão aqui dentro. É como se fosse uma música, todo dia tem um som, todo dia tem uma letra para que possa cantar e viver.

Incentivo à capacitação

O Magalu oferece cursos dentro de uma plataforma própria de treinamento e estimula a busca externa por formação. O profissional pode se graduar hoje e ir embora da empresa amanhã, pois não existe a exigência de ficar na companhia. "Entendemos que, mais do que formar para o Magalu, formamos pessoas para a sociedade", salienta Patricia Pugas, responsável pela área de recursos humanos, em entrevista publicada na *Gazeta do Povo*, em 25 de fevereiro de 2021.

Um exemplo da combinação dessas duas diretrizes — priorizar o talento interno e investir na capacitação de pessoas — foi narrado em uma reportagem da revista *Exame* de 17 de setembro de 2003. Adelina Alves de Souza, quarenta e três anos, ex-empregada doméstica de Bragança Paulista, havia sido contratada três anos antes pelo Magazine como faxineira. Então foi chamada pela superintendente para assumir o cargo de vendedora especial. Adelina passou noites sem dormir, pensando na responsabilidade e no desafio que teria pela frente: "Fiquei matutando, com a cabeça no travesseiro: por que eu?", lembra Adelina. "Até um ano atrás, só sabia varrer a loja..."

Diversidade & inclusão

A inclusão social é um dos direcionadores do Magalu e um dos campos em que a empresa mais tem se projetado na sociedade. A diretriz já se manifesta na preocupação com a diversidade na hora de contratar. Por meio de um programa bem estruturado e reconhecido, que incentiva a contratação de pessoas com deficiência, a adaptação das instalações e o treinamento dos funcionários, o número de pessoas com essas características locadas em vários postos de trabalho cresceu, de 302 em dezembro de 2012, para mais de novecentos em 2017.

No seu processo de seleção, o Magalu sempre valorizou pessoas que têm histórias de vitórias na adversidade e são exemplos de superação. É o caso de Chaley Marques da Silva, um homem com séria limitação auditiva contratado como auxiliar de depósito da loja de Caldas Novas, em Goiás. Ele deu um depoimento em Libras para o quadro *Sou Eficiente*, da TV Luiza, em 20 de agosto de 2014. Aos vinte e três anos, Chaley fazia todo o processo de pós-venda, troca, garantia, cancelamento e entrega de produtos aos clientes. Foi o seu primeiro emprego com carteira assinada. Fazendo questão de compartilhar sua felicidade por essa conquista, Chaley se dispunha a ensinar os demais colegas a se comunicarem nesse sistema.

Por falar em inclusão, o site do Magalu dispõe de um aplicativo que auxilia a navegação de pessoas com dificuldades para digitar, mover o mouse ou proceder à leitura. Os clientes surdos podem fazer compras com o auxílio do Hugo, o tradutor virtual da Hand Talk, que realiza a tradução dos conteúdos em português.

Outra ação pioneira, baseada nessa diretriz de diversidade e inclusão, foi o programa de *trainee* exclusivo para negros, criado em setembro de 2020. Embora o Magalu já tivesse uma porcentagem considerável de funcionários negros, havia muito poucos em cargos de liderança. Dessa constatação surgiu um programa ousado e inovador, que contou com a participação de vários funcionários negros da empresa, tanto na concepção quanto na sua divulgação. O programa despertou acalorada polêmica. Foi celebrado por uma parcela da população, enquanto, por outro lado, foi alvo de críticas nas redes sociais, acusado de jogada de marketing e de promover o "racismo reverso" — em uma tentativa de descaracterizar a garantia prevista em lei de políticas afirmativas para erradicar desigualdades, inclusive a racial.

Mais uma área em que o Magazine Luiza se destaca é no desenvolvimento profissional para mulheres. O grupo preconiza que as colaboradoras devem ser protagonistas da sua carreira dentro da companhia e oferece condições especiais para que elas busquem ascensão. Para se tornarem gerentes de loja, por exemplo, os profissionais passam, obrigatoriamente, por um período de treinamento de seis meses em outras unidades da rede em todo Brasil. As mulheres podem optar por fazer esse treinamento em cidades mais próximas, com distância inferior a duzentos quilômetros de seus lares. Além disso, a empresa subsidia duas viagens ao mês para que a funcionária visite sua família. Em promoções ou transferências que envolvam mudanças de cidade, a mulher tem apoio da área de gestão de pessoas para que seus familiares a acompanhem, inclusive com assistência para adaptação escolar e recolocação profissional do/a companheiro/a.

Também relevante foi a criação do Canal da Mulher, em junho de 2017, para receber denúncias de violência contra a mulher. Sigiloso e confidencial, esse canal atende as colaboradoras do Magazine Luiza e prestadoras de serviço que trabalham nas instalações da empresa. A ideia surgiu depois que a líder de uma loja em Campinas foi assassinada pelo companheiro. O canal pretende proteger as funcionárias, quebrar o tabu do silêncio e estimular as pessoas a falarem a respeito da violência contra a mulher, além de mostrar para outras empresas o valor desse cuidado e incentivá-las a criarem seus próprios canais. Ele está aberto para ouvir não só as próprias vítimas, como qualquer pessoa disposta a informar à companhia sobre colegas, lideranças e subordinadas submetidas à violência doméstica. Após captar e encaminhar a denúncia, a empresa dá o suporte necessário a casos em que a vítima necessita de auxílio financeiro e pode transferi-la de local de trabalho para afastá-la do agressor.

O aplicativo do Magalu também oferece um recurso para denunciar a violência contra a mulher, inclusive a doméstica, que aumentou bastante durante a pandemia de Covid-19. Fora o aplicativo e a linha telefônica, foi criado o projeto Meter a Colher, visando alterar o dito popular de que "em briga de marido e mulher ninguém mete a colher". O Magalu meteu, sim, a colher e tem ajudado, desde 2017, a prevenir a violência e a proteger centenas de mulheres e crianças vítimas de ambientes familiares hostis.

INICIATIVAS (PROGRAMAS E PRÁTICAS)

Iniciativas vinculadas à gestão de pessoas também têm sido uma força propulsora do grau de satisfação e engajamento dos colaboradores do Magalu. Acrescento mais algumas às que já foram descritas:

- Programa de concessão de bolsas de estudos;
- Prêmios variados em dinheiro (por exemplo: Foca na venda, Sorte Garantida, Pula para 10) para vendedores, gerentes e gestores que atingem suas metas;
- Palestras quinzenais, escola corporativa e reuniões no LuizaLabs em que os colaboradores podem dar sugestões de melhoria;
- Valorização dos familiares: na primeira etapa de abertura da sua plataforma de *e-commerce* para terceiros, somente parentes dos colaboradores podiam participar.

Em época de pandemia

"Momento de crise é quando a alma de uma pessoa se desnuda e a verdadeira cultura de uma empresa se revela." Com essa frase de impacto fiz questão de concluir as setenta e nove palestras virtuais que realizei durante os doze meses iniciais da pandemia de Covid-19.

Foi impressionante a capacidade que o Magalu demonstrou de responder a esse momento inusitado. Mais uma vez ficou comprovada a solidez, a legitimidade e a profundidade da paixão Magalu pelas pessoas e equipes, evidenciada não apenas por discursos, mas por providências e iniciativas tangíveis que foram implementadas para mitigar o receio da possível perda de capital humano:

- Criação do comitê de saúde, que passou a atender, por telemedicina, em nove dias, cerca de 10 mil colaboradores e proporcionou atendimento psicológico em trinta dias. Desenvolveu protocolos rígidos de segurança e saúde, que foram implantados com atenção redobrada. Diariamente os diretores e gestores passaram a saber informações exatas sobre o estado de saúde dos membros da sua equipe.
- Redução dos salários do diretor executivo e do vice-presidente de operações em 80% por um período de três meses. Os salários de doze outros diretores foram cortados em 50%, mesmo percentual de redução aplicado para os sete membros do Conselho de Administração. Para os demais diretores, o corte foi de 25%, tudo de acordo com a MP 936/ 2020, que permite a suspensão de contratos e cortes de salários e jornadas de trabalho.

- Fechamento de todas as lojas físicas da rede. Mais de 20 mil funcionários tiveram suas férias antecipadas e pagas e a garantia de que o retorno das operações só ocorreria com a "absoluta segurança de que essa é a decisão certa a ser tomada, naquele lugar, naquelas circunstâncias", assegurou Fred em entrevista à *Folha de São Paulo* em 1 de abril de 2020.
- Adesão ao Movimento #NãoDemita logo no início da pandemia. A atitude do Magalu foi seguida por cerca de 10 mil empresas. A companhia não demitiu ninguém; pelo contrário, admitiu cerca de mil pessoas e inaugurou treze lojas físicas em 2020.
- Doação de R$ 10 milhões para compra de equipamentos hospitalares, feita pelas famílias Trajano e Garcia, controladoras do grupo. Ao fazer o anúncio, a empresa aproveitou para dar publicidade às medidas protetivas e filantrópicas adotadas por conta da pandemia.
- O auxílio-creche pago a cerca de 5,5 mil funcionárias com filhos de até dez anos foi dobrado, e as equipes de logística e distribuição, que continuaram trabalhando, receberam aumentos salariais.
- Foi dobrado o valor do Cheque Mãe, benefício entregue a funcionárias mães e casais homoafetivos com filhos de até doze anos, e do Cheque Educação Especial, destinado a pais de crianças com deficiência.
- Implantação do programa de atividades físicas remotas por meio de convênio com empresa especializada.
- Todos os funcionários de grupos de risco foram imediatamente colocados em *home office*. Cerca de mil deles ainda trabalhavam nesse formato em 2021. Para os

vendedores dos grupos de risco, o Magalu criou uma ferramenta de venda remota, para que eles pudessem continuar seu trabalho sem sair de casa.

MAPA DE ATITUDES

Vale a pena apresentar um conjunto de atitudes que são muito importantes na corporificação da Alma Magalu: empreendedorismo; respeito; inovação; liberdade para criar; autonomia para agir; transparência nas relações e nas decisões; igualdade nas oportunidades; resultados reconhecidos e recompensados; liberdade acompanhada, um dos muitos termos simbólicos adotados na empresa; tolerância a erros; simplicidade interiorana; olho no olho; ouvir e se fazer ouvir; ambiente descontraído e respeitoso, sem as formalidades exageradas das grandes empresas; comunicação direta vinte e quatro horas por dia, sete dias por semana, que vai muito além de jornais internos e newsletters, mas é utilizada como ferramenta de informação, disseminação da cultura e fortalecimento do diálogo na relação líder-liderado.

A prática de tópicos dessa lista de atitudes que compõem a cultura e o jeito de ser Magalu pode ser ilustrada por meio de três histórias reais.

A primeira evidencia sinais de simplicidade, inovação, comunicação, parceria, liberdade para criar, autonomia para agir e ausência do medo de errar. Aconteceu na loja virtual do Leporace, bairro popular de Franca, na época com cerca de 50 mil habitantes, e foi narrada em uma reportagem publicada na revista *Exame* de 17 de setembro de 2003.

A loja não estava conseguindo fechar uma cota mensal de vendas. Para chegar à meta, seria necessário vender 15 mil reais em produtos em um único domingo. "No sábado à noite, sentamos todos juntos para achar um jeito de atrair a freguesia", contou a vendedora Marina das Graças Ferreira da Silva. "Sugeri que fizéssemos uma promoção, distribuíssemos um brinde a quem comprasse. Mas que brinde? E onde iríamos consegui-lo àquela hora da noite?"

Até que surgiu a ideia de dar um frango assado nas compras acima de cem reais. Fecharam uma parceria com o dono da padaria mais próxima, que concordou em fornecer o "brinde" a um preço especial. No dia seguinte, um carro com alto-falante anunciou a promoção. Resultado: a cota foi cumprida e cada um dos catorze funcionários da loja, do gerente à faxineira, recebeu um prêmio no fim do mês pela meta atingida.

O segundo caso, mais abrangente e complexo, ocorreu na época da transferência de funcionários de Franca para São Paulo. O processo, envolvendo inicialmente trezentas famílias, muitas das quais sequer conheciam a capital paulista, levou cerca de nove meses. A empresa demonstrou um cuidado exemplar com seu time de colaboradores: respeito, diálogo, olho no olho, simplicidade e objetividade.

A terceira história ilustra a prática de dar voz aos liderados. Desde 1995, em cada unidade da empresa existe um conselho de colaboradores, eleito anualmente pela própria equipe. Considerados "os guardiões da alma e dos valores da empresa no ambiente de trabalho", esses conselheiros contribuem com as lideranças em melhorias e agilizam a tomada de decisões.

SIMBOLISMOS

Somam-se às práticas diárias rituais carregados de simbolismo, que reforçam seus traços culturais. Por exemplo, existe o hábito de rezar um Pai-Nosso na sede e em todas as lojas, às segundas-feiras pela manhã. A oração faz parte de um rito em que o Hino Nacional é cantado, assim como o hino da empresa, e, durante quase uma hora, as pessoas trocam informações, conversam sobre os resultados da semana anterior e as metas da semana seguinte, tiram dúvidas e se encorajam mutuamente para enfrentar os desafios. Outros símbolos são a bandeira do Brasil próxima da entrada na sede, o hino do Magazine bordado em ponto-cruz e afixado no auditório e fotos de família em várias salas.

PROCESSOS E SISTEMAS DE RH E GESTÃO DE PESSOAS

Além de todo esse conjunto de valores, diretrizes, iniciativas, mapa de atitudes e práticas cotidianas já mencionadas, o Magalu dispõe de processos de sistemas de RH muito bem estruturados que cobrem toda a "jornada do colaborador", tais como: recrutamento e seleção; indução; remuneração; relações sindicais; administração de pessoal; folha de pagamento; segurança no trabalho; saúde; benefícios; desenvolvimento organizacional; treinamento e capacitação; avaliação de desempenho; política de promoção; política de desligamento e recolocação no mercado de trabalho; e formação de líderes e gestores.

Mais importante do que a descrição de cada um dos seus processos de RH ou o detalhamento das iniciativas é o entendimento de que a paixão Magalu pelas pessoas e equipes construiu uma espécie de comunidade, composta por milhões de pessoas, incluindo famílias de colaboradores, clientes, parceiros e demais *stakeholders*.

Como os principais dirigentes da empresa fazem questão de repetir, é preciso ter sempre gente motivada na companhia para desenvolver coisas novas. Alto grau de motivação é o que não falta nessa empresa, em todos os níveis e localidades.

Motivados e felizes, a impressão é de que todos trabalham para honrar a assinatura da empresa no seu *slogan* "Vem ser feliz": em 2018, o Magazine Luiza estava em quarto lugar no Índice de Felicidade no Trabalho (IFT) entre as empresas de varejo, segundo a revista *Você RH*. Em 2020, a empresa galgou o segundo lugar.

Tudo isso faz o Magazine Luiza não ser apenas um local de trabalho, mas um lugar prazeroso para estar todos os dias. Não é por acaso que amigos e familiares de colaboradores participam com frequência dos processos seletivos para entrar na empresa. Trata-se de um reflexo do orgulho de trabalhar no Magalu.

"Eu não ficaria dez anos aqui se não fosse feliz, se não pudesse mostrar o potencial. É um lugar onde se tolera o erro", afirma Tiago Augusto dos Santos, gerente de comunicação interna do Magazine Luiza, que está na empresa desde 2011, em reportagem publicada no jornal *Gazeta do Povo* em 25 de fevereiro de 2021. "Gosto muito do clima aqui, é bem direto, bem transparente, sem precisar fingir."

Mas os índices de confiança sobre as perspectivas da empresa e os índices que mensuram a felicidade das pessoas não são um fim em si mesmo. O índice de confiança parece influenciar o índice de satisfação (felicidade), que por seu turno impacta no atendimento aos clientes e, por consequência, afeta a rentabilidade e a valorização das ações, criando um ciclo virtuoso entre as equipes, clientes e a geração de riqueza.

Esse é o grande segredo da gestão de pessoas do Magalu.

Voltamos, então, à frase de Marcelo Silva na abertura deste capítulo: "[...] a gestão deve cuidar das pessoas, dos colaboradores, para que eles cuidem bem dos clientes." Simples assim, como a maioria das coisas que fazem do Magalu um *case* de sucesso sem precedentes.

APRENDIZADOS ÚTEIS PARA VOCÊ E SUA EMPRESA

- Profissionalização que começou com Luiza, avançou com Marcelo e se consolidou com Fred.
- Ter muito bem (1) estruturado, (2) explicitado, (3) disseminado, (4) entendido e (5) praticado um conjunto de componentes que torna tangível a cultura da empresa: valores, código de ética, posturas inegociáveis, diretrizes, iniciativas, mapa de atitudes e simbolismos.
- Fortalecimento da cultura digital em todos os níveis, sem perder o calor humano.
- Governança avançada com separação clara entre o conselho e a gestão. Um conselho diversificado, inclusive tendo a participação de três mulheres, o que é coerente com a clientela do Magalu, composta sobretudo pelo gênero feminino.
- O ciclo virtuoso criado pela (1) satisfação das pessoas, que leva à (2) satisfação de clientes, à (3) rentabilidade e à (4) valorização patrimonial da empresa.

- Processos e sistemas de RH muito bem implantados, de tal forma que a energia dos líderes e gestores possa ficar focada no aspecto desenvolvimentista do patrimônio humano e no intangível de consolidar a cultura, em vez de ficar resolvendo a agenda burocrática da infraestrutura da gestão de pessoas.

Uma afirmativa encontrada no site do Magalu traz uma ótima conclusão para essa lição sobre paixão por pessoas e equipes: "Crescemos, mas não perdemos nossas raízes. Somos gente que gosta de gente, temos mão na massa, somos simples e inovadores, colocamos sempre o cliente em primeiro lugar e, aqui, todos os funcionários têm atitude de dono." Bingo!

PRÓXIMOS DESAFIOS

Para consolidar seu patamar de desenvolvimento, os dirigentes do Magalu deverão aprofundar uma série de questões.

Como continuar capacitando de forma eficaz uma grande quantidade de colaboradores em todos os níveis, no contexto de novas tecnologias que virão e criarão uma significativa taxa de obsolescência em produtos, serviços, processo e hábitos? Como continuar sendo uma grande empresa com alma de *startup*, crescendo cada vez mais de forma exponencial? Como preservar sua cultura vencedora em um cenário de numerosas aquisições de empresas com culturas diferentes? Como absorver os aspectos positivos e disruptivos de *startups* e se aprimorar de forma contínua, ajustando aspectos da sua cultura (não os valores pétreos nem as condutas inegociáveis) a partir dessa convivência?

Como afastar o risco da dispersão? E assim ultrapassar o desafio de crescer e se diversificar, mantendo o foco? Como consolidar a cultura Magalu? Como não depender de uma pessoa nem de um pequeno grupo para continuar sendo o que sempre foi na essência?

Como cultivar o espírito da comunidade Magalu com a capilaridade e o crescimento exponencial?

Como continuar harmonizando a sofisticação tecnológica (People Analytics, Inteligência Artificial, IOT, dentre outras) com uma das maiores características do jeito de ser Magalu: o calor humano?

Como formar líderes negros para cargos de diretoria e como presidentes das empresas afiliadas ao grupo?

Como obter a curva dos máximos com a potencial diversidade de gerações no Magalu, estimulando a convivência dos nativos digitais com os naturalizados digitais?

PAUSA PARA REFLEXÃO

- LISTE TRÊS SITUAÇÕES DE GESTÃO DE PESSOAS E EQUIPES QUE VOCÊ CONHECE E QUE FORAM OU ESTEJAM SENDO BEM CONDUZIDAS.
- LISTE TRÊS SITUAÇÕES DE GESTÃO DE PESSOAS E EQUIPES QUE VOCÊ CONHECE E QUE FORAM OU ESTEJAM SENDO MAL CONDUZIDAS.
- DA DESCRIÇÃO DA PAIXÃO MAGALU PELAS PESSOAS E EQUIPES, QUAIS AS TRÊS PRINCIPAIS LIÇÕES QUE VOCÊ TIROU?

A) _____
_____

B) _____
_____

C) _____
_____

QR CODES: ACESSE E VEJA MAIS

E-BOOK SOBRE O MAGALU NO PRÊMIO GPTW 2017

O CÓDIGO DE ÉTICA E CONDUTA DO MAGALU

POCKET VÍDEO DO AUTOR SOBRE O DESAFIO DA GESTÃO DE PESSOAS

LIÇÃO 4

Tecnologia humanizada pela "Solução FiGital"

"O Magazine Luiza vai se tornar, sobretudo, uma empresa digital, mas com pontos físicos e calor humano", disse Frederico Trajano, CEO do Magalu desde 2016, na reportagem publicada pela revista *Forbes Brasil* de 15 de julho de 2016, mostrando que o rumo adotado pela empresa seria composto por bytes, lojas convencionais, calor humano e vendas — muitas vendas. Dito e feito! O Magalu é um dos melhores exemplos em andamento de transformação digital no Brasil. A empresa, que nasceu do varejo tradicional, focado na venda, evoluiu para o varejo focado no consumidor e então transformou a inovação e a cultura digital nos principais motores para o seu crescimento.

A trajetória do Magalu é caracterizada por fases bem marcantes. Algumas delas são verdadeiros saltos olímpicos a outro patamar. Depois de intensa expansão pelo interior do Brasil, entrou no mercado de São Paulo, que o projetou como uma das grandes varejistas brasileiras. Em busca de escala e abrangência regional, viveu uma etapa de aquisições de empresas do setor. A fase mais recente, a da transformação digital, segue em plena efervescência. A partir de 2019, o Magalu se posicionou como uma plataforma digital de varejo, um ecossistema que contribui para que milhares de outros negócios ingressem no universo das transações virtuais.

A empresa também tem sido pioneira na forma de gerir sua marca externamente e de se conectar com seu público. Em 2003, criou uma personagem virtual que incorporou a personalidade da varejista. Lu é uma vendedora que comenta os produtos e ajuda os consumidores durante a compra, de forma criativa e bem-humorada. Também usa as redes sociais para publicar ofertas, novidades e outros conteúdos para o público. De forma surpreendente, a *influencer* literalmente digital fez aparições em clips de celebridades e artistas e estreou na TV aberta, participando da Superdança dos Famosos da TV Globo, em julho de 2021, quando acumulava 5 milhões de seguidores.

A estratégia de transformação do Magalu de uma empresa de varejo tradicional com uma forte plataforma digital para uma empresa digital com lojas físicas e atendimento humanizado está amparada em cinco principais direcionadores:

1. **Inclusão digital:** Estimular e ensinar o consumidor a se digitalizar, possibilitando a muitos o acesso ao que é privilégio de poucos. Atuando como agentes dessa mudança, os vendedores oferecem orientações para os clientes utilizarem melhor seus produtos de tecnologia inteligente e ao mesmo tempo proporcionam ao Magalu a chance de ser referência na categoria.
2. **Digitalização das lojas físicas:** A companhia tem implementado ferramentas que prometem ganhos em

produtividade, aumento no volume de vendas, maior autonomia da equipe da loja e atendimento mais ágil, além de perpetuar a importância do contato humano, reduzir atritos e melhorar a experiência de compra. Com o Mobile Vendas, as equipes das lojas físicas foram habilitadas e treinadas para efetuarem vendas por meio de smartphones. O Mobile Montador acelerou as rotas de montagem de móveis, enquanto o Mobile Estoquista reduziu o tempo de espera do cliente nas lojas para retirar o produto adquirido.

3. **Multicanalidade:** Mais da metade das vendas on-line do Magalu já são distribuídas pelo centro de distribuição (CD) mais próximo do cliente (Entrega Multicanal). Todo o sortimento disponível no *e-commerce* foi colocado à disposição das lojas físicas para ampliar a malha de distribuição. Os veículos de transporte são compartilhados para entrega tanto de produtos comprados nas lojas físicas quanto no site, o que viabilizou a redução dos custos de frete.

4. **Plataforma digital:** Para aumentar o mix de produtos vendidos, a empresa transformou o seu site em uma plataforma digital e passou a comercializar produtos de outros varejistas, distribuidores ou até mesmo de canais de venda direta de indústrias no modelo *marketplace*.

5. **Cultura digital:** A companhia incentivou os colaboradores a se digitalizarem e usarem as redes sociais e os aplicativos para comunicação com os clientes e as lojas. Criou o LuizaLabs para produzir inovações, como a entrega multicanal e a venda dos produtos do site nas lojas físicas.

Os cinco direcionadores podem ser visualizados na figura a seguir:

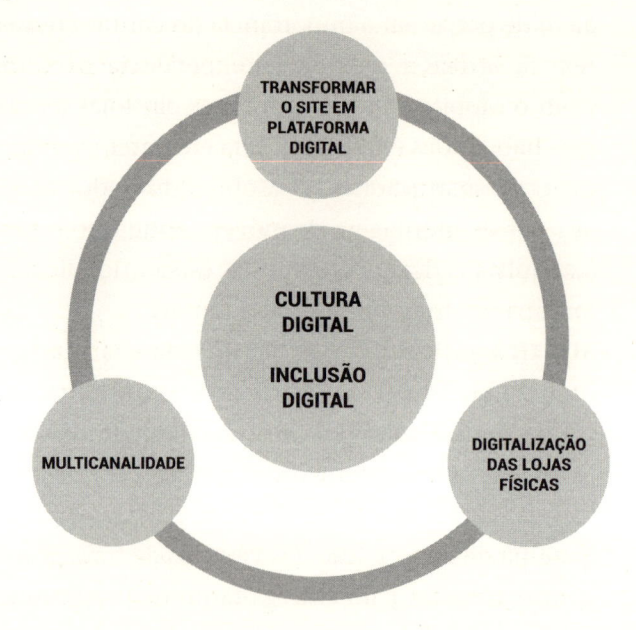

```
                TRANSFORMAR
                  O SITE EM
                 PLATAFORMA
                   DIGITAL

                CULTURA
                DIGITAL

                INCLUSÃO
                DIGITAL

   MULTICANALIDADE           DIGITALIZAÇÃO
                              DAS LOJAS
                               FÍSICAS
```

MAIS AÇÕES DIGNAS DE NOTA

Ao longo de seu processo de transformação digital, o Magalu produziu avanços notáveis:

- **Integrou o físico e o digital,** de forma rápida, desde o fim de março de 2020, durante a primeira onda da pandemia de Covid-19. A chamada "solução FiGital" foi uma sacada brilhante e inovadora que se traduziu em uma operação sustentável.
- **Abriu o *marketplace*** como resposta ao fato de lojas físicas terem ficado fechadas na maior parte de 2020.

LIÇÃO 4. TECNOLOGIA HUMANIZADA PELA "SOLUÇÃO FIGITAL"   91

As empresas tiveram de buscar resultados na expansão de iniciativas pioneiras. No caso, o crescimento da rede de vendedores com lojinhas próprias dentro do *marketplace* rapidamente dobrou o número de itens ofertados, inclusive produtos e serviços de terceiros.

- **Foi às compras** visando integrar soluções e assim reforçar sua operação digital, da logística à oferta de produtos, passando pela publicidade e pelas finanças. Foram várias aquisições, dentre as quais a FinTech Hub, que fornece acesso ao Sistema de Pagamentos Brasileiro (SPB) e ao Pix por ter autorização do Banco Central como instituição de pagamento. Isso elimina a necessidade de contratar prestadores de serviços, facilitando as movimentações feitas pelo MagaluPay, voltado ao público em geral, e pelo Magalu Pagamentos, que se destina aos vendedores do *marketplace*. A *hub* se encaixou como uma luva na estratégia da companhia e a colocou em pé de igualdade com os superapps da China, que também dispõem de conta de pagamentos. O WeChat tem o WeChatPay, e o Alibaba, o AliPay.

- **Desenvolveu uma admirável capacidade de aprendizagem,** que o habilitou a avistar tendências, procurar conhecimentos e se ajustar rapidamente a novos contextos. Essa característica, aperfeiçoada ao longo da história da empresa, permitiu que crescesse sem ficar pesada e sem a arrogância de quem se acha dona da verdade.

De forma coerente com os cinco direcionadores estratégicos e com as iniciativas descritas, alguns pilares sustentam este novo ciclo de negócios do Magalu:

- Entrega mais rápida;
- Superapp;
- Oferta de novas categorias de produtos, principalmente por meio do *marketplace*;
- Magalu ao seu Serviço (ou *Magalu as a Service*), buscando receitas de serviços recorrentes e não "apenas" a tradicional comercialização de produtos.

Tais pilares precisam ser fortalecidos dia após dia pelos milhares de colaboradores da empresa para que o ecossistema digital funcione de maneira plena e sustente o desejado crescimento exponencial.

ERA DIGITAL OU ERA FIGITAL?

A profunda transformação do Magazine Luiza ilustra bem como o mundo digital tem reconfigurado a vida empresarial. Mudou a natureza do negócio com a incorporação de soluções disruptivas. Mudou o ritmo, passando de incremental para exponencial. Mudaram as relações com os colaboradores. Mudou o espaço do trabalho. Mudou o conceito de resultados, com demanda imperativa pela escalabilidade. Mudou a forma de educar e de aprender. Mudou a forma de liderar. Mudou a forma de atrair, conhecer, atender, vender e fidelizar clientes!

Essa repaginação da empresa não é simplesmente sinônimo de tecnologia, nem se resume à utilização de aplicativos. Envolve muito mais, um modelo mental que reconhece que *quanto mais sofisticada a tecnologia, maior a necessidade do contato humano.* É o que tem demonstrado o professor Steven van

LIÇÃO 4. TECNOLOGIA HUMANIZADA PELA "SOLUÇÃO FIGITAL" 93

Belleghem, da Escola de Administração Vlerick Leuven Gent, em Ghent, na Bélgica: "Tudo está se tornando digital e, por isso, o valor do toque humano está aumentando a cada dia", afirma no livro *Quando o digital se torna humano*. Segundo o autor, empresas inteligentes automatizam uma parte operacional do negócio para que os funcionários tenham mais tempo de se conectar aos clientes — exatamente como tem feito o Magalu.

A liderança da companhia percebeu que a nova fronteira do relacionamento com os clientes não será apenas digital — será FiGital, ou seja, física e digital ao mesmo tempo. A tecnologia deve servir de ferramenta para facilitar e aprimorar a interação com os clientes e jamais ser um obstáculo para a convivência dos clientes com a marca e com as equipes da empresa.

Já havia apontado essa característica quando publiquei a nova edição do livro *Clientividade*, como revela o trecho a seguir:

> Aqui no Brasil, o Magazine Luiza tem se destacado dos concorrentes, de forma notável, por ter formatado uma extraordinária sinergia entre a operação das suas lojas físicas e soluções de comércio virtual. A empresa desenvolveu um modelo de negócios muito bem-sucedido que se transforma em benchmark no mundo do varejo. Esse processo envolve explorar todas as mais sofisticadas e modernas tecnologias para conhecer os hábitos de compra e consumo dos seus clientes através do "data analytics" e, assim, incrementar exponencialmente aspectos como distribuição, entrega, meios de pagamento e promoções, entre outros fatores, penetrando em territórios antes inatingíveis. Desta forma, o Magalu continua firme na

sua filosofia de encantar os seus incontáveis clientes, tratando-os como "fregueses" únicos e emblemáticos.

APRENDIZADOS ÚTEIS PARA VOCÊ E SUA EMPRESA

Podemos extrair vários aprendizados dessa trajetória da transformação digital do Magalu. Os principais são:

- Integrar o físico e o digital, em vez de tratá-los separadamente, construindo um modelo FiGital;
- Oferecer uma solução integrada para o conjunto de necessidades do consumidor: comércio, logística, crédito, meios de pagamento etc.;
- Estimular a inovação em todos os pontos de contato com clientes e em todos os níveis;
- Encorajar a flexibilidade, mantendo-se uma gigante com cabeça de *startup*;
- Humanizar a tecnologia, colocando-a a serviço do consumidor e das pessoas, e não o contrário, como muitos tecnólogos praticam;
- Exigir velocidade nas respostas, sem engessamento e minimizando a burocracia.

Muitas dessas lições estão explicitadas na entrevista de Frederico Trajano para sua mãe, Luiza Helena, no programa *Mundo Digital*, no Instagram, em 8 de julho de 2019, da qual reproduzo um trecho no quadro a seguir:

Mundo Digital, 8 de julho de 2019

Fred — Quando voltei [para o Magazine Luiza], muita gente dizia que a loja física ia acabar. Eu falava: Não, vamos montar um e-commerce como um canal e nós vamos integrar o e-commerce com a loja física. A loja física não vai acabar. Ela vai ser um diferencial do nosso e-commerce porque o consumidor vai poder comprar no site e tirar na loja, comprar no site e devolver na loja.

Luiza Helena — Todo mundo falava que tinha que separar e você brigou para não separar.

Fred — Não vou atrás do efeito manada. Tenho muito senso crítico. Gosto de me aprofundar. Se já tenho um caminhão que leva uma geladeira comprada em uma loja física, por que ele não pode levar uma batedeira comprada no site? Aí tem uma economia muito grande no custo do frete. Por que não usar para a internet o mesmo centro de distribuição onde coloco o produto vendido na loja física? Para mim era óbvio que a melhor maneira era juntar os canais, não separar.

O Magazine Luiza demorou a ter o seu valor reconhecido na multicanalidade porque por muitos anos, na última década e meia, só empresas puramente digitais é que tinham valor. O valor só faz sentido se for sustentável no longo prazo. (...) Controle familiar bem definido e gestão profissional foram fundamentais para que nosso projeto desse certo.

Luiza Helena — Nunca se falou tanto de humanização na era digital. Por que acredita nisso?

Fred — Venho de uma escola humanista forte. Você criou uma cultura muito forte de valorização das pessoas. Quando vim com minha agenda tecnológica, eu queria muito que ela se casasse bem com a realidade do foco nas pessoas. Nunca acreditei que a tecnologia veio para substituir o ser humano. Veio para potencializar o ser humano. "High tech, high touch." Ao mesmo tempo em que entendo de tecnologia, eu tenho um coração grande, e uma das coisas que sempre fiz foi levar a tecnologia para potencializar as pessoas. Hoje a gente tem 960 lojas, e em cada uma o gerente montou uma fanpage, e a gente ensinou o gerente a fazer mídia digital. Ele posta os vídeos, as fotos. A gente já fazia isso com o rádio. Não é destruir o passado, é atualizar.

Durante sessenta e dois anos, a gente conquistou 17 milhões de clientes sozinho. Agora a gente quer fazer isso com milhares de micro e pequenas empresas. Todo negócio pode e deve ser digital. Não se deve ter medo de físico e digital juntos, multicanal. O catálogo que está na lojinha tem que estar na plataforma. Estamos disponibilizando tudo o que a gente desenvolveu para pequenos e médios empreendedores. O software que o Magazine Luiza usava sozinho desde 2017 está sendo disponibilizado para qualquer empresa usar.

Luiza Helena — Parece que o humano é um diferencial nesse mundo digital também.

Fred — O Maga local é um bom exemplo. A gente pega uma plataforma digital, a rede social com as pessoas postando vídeos com a linguagem local, as características locais. É o humano com a tecnologia. Hoje você não tem que ter vendedores [apenas], tem que ter digital influencers, e a gente está indo bem.

Luiza Helena — Os montadores vão na casa dos clientes com o mobile na mão.

Fred — Outra coisa que a gente fez: criou o mobile, tanto para o vendedor quanto para o montador, para que toda

LIÇÃO 4. TECNOLOGIA HUMANIZADA PELA "SOLUÇÃO FIGITAL"

> parte que era burocrática, que demorava muito para fazer, seja feita muito rápido. Antigamente demorava 45 minutos para comprar e quase tudo era burocracia. Hoje vende em 2 minutos pelo celular, e o resto do tempo pode ser usado para o calor humano.
>
> O que torna a nossa história muito bacana, inclusive comparada a outros lugares do mundo, é que eu não vejo outra empresa potencializar tanto o ser humano com a tecnologia ou colocando tanto calor humano na sua estratégia digital quanto a gente. O nosso propósito é trazer ao acesso de muitos o que é privilégio de poucos.
>
> Minha tia vendeu a primeira TV a cores para boa parte das casas do interior de São Paulo. Você, na sua geração, vendeu, dentre outros produtos, a primeira lavadora automática. E agora a gente está vendendo o primeiro produto conectado. E a gente também está ajudando as empresas a se conectarem. A gente está focando muito na inclusão digital.

Vale a pena refletir sobre o posicionamento do Magalu à luz do movimento feito pela Amazon, uma típica "nativa digital". No momento em que a maioria das empresas começou a migrar para iniciativas de *e-commerce*, entregas rápidas via aplicativos e soluções digitais, a Amazon parecia estar na contramão — surpreendeu a todos ao começar a adquirir pontos de vendas para estruturar redes de lojas físicas, como mercearias e livrarias. A Amazon Go e a Amazon Books são exemplos evidentes dessa busca por um relacionamento presencial com seus clientes, que complementa o grande êxito virtual do seu pioneiro modelo de negócios.

Enquanto isso, o Magalu se projeta como a maior empresa de varejo do Brasil, desbancando os concorrentes e se tornando referência no quesito transformação digital. Uma conquista da qual não pretende abrir mão, como demonstrou Fred Trajano em entrevista concedida a Fernando Scheller e publicada no jornal *O Estado de São Paulo* em 22 de dezembro de 2020: "Não vou esperar uma empresa estrangeira ser protagonista digital no Brasil, seja ela chinesa, argentina ou americana", referindo-se às gigantes Alibaba, Mercado Livre e Amazon.

PRÓXIMOS DESAFIOS

Pelo menos três pautas podem ser aprofundadas para aprimorar ainda mais o modelo de negócios e de gestão no que tange à tecnologia humanizada do Magalu.

Do ponto de vista operacional, como reduzir mais os prazos de entrega que ainda estão longe dos padrões praticados em mercados como Estados Unidos e China e elevar o percentual das entregas feitas a cada dia? Com mais investimentos em tecnologia e logística? E como garantir o funcionamento pleno e harmônico com as marcas Netshoes, Zattini, LogBee, Época Cosméticos e Estante Virtual, dentre outras?

Do ponto de vista de riscos e segurança, que medidas a empresa continuará adotando para proteger computadores e servidores, sistemas eletrônicos e redes contra ataques cibernéticos que vêm se tornando cada vez mais sofisticados e recorrentes? Como consolidar um sistema aperfeiçoado de *cybersecurity*?

Do ponto de vista de legislação, como garantir o irrestrito cumprimento da Lei Geral de Proteção de Dados (LGPD) e a

LIÇÃO 4. TECNOLOGIA HUMANIZADA PELA "SOLUÇÃO FIGITAL"

privacidade das informações dos seus consumidores? O acesso a dados passará a ser o "novo petróleo", como alguns analistas já anteciparam. E tudo estará conectado — inteligência artificial, internet das coisas, robótica, 5G, automação etc. —, viabilizando o crescimento exponencial das relações digitais e presenciais entre as empresas e os seus clientes.

PAUSA PARA REFLEXÃO

- LISTE TRÊS SITUAÇÕES DE USO DE TECNOLOGIA QUE VOCÊ CONHECE E QUE FORAM OU ESTEJAM SENDO BEM CONDUZIDAS.

- LISTE TRÊS SITUAÇÕES DE USO DE TECNOLOGIA QUE VOCÊ CONHECE E QUE FORAM OU ESTEJAM SENDO MAL CONDUZIDAS.

- DA DESCRIÇÃO DA TRANSFORMAÇÃO DIGITAL DO MAGALU, QUAIS AS TRÊS PRINCIPAIS LIÇÕES QUE VOCÊ TIROU?

A) _____
_____

B) _____
_____

C) _____
_____

QR CODES: ACESSE E VEJA MAIS

CENTRO DE DISTRIBUIÇÃO MAGALU EM LOUVEIRA/SP

PORTAL *E-COMMERCE* DO MAGALU

POCKET VÍDEO DO AUTOR SOBRE O DESAFIO DA TECNOLOGIA HUMANIZADA

LIÇÃO 5

Senso de propósito: negócios e cidadania

"Levar ao acesso de muitos o que é privilégio de poucos." Esse propósito do Magalu, verbalizado pelos dirigentes e explicitado no seu site, é levado bastante a sério. Não são apenas palavras. Nem um slogan. Essa intenção pode ser percebida na interação com seus colaboradores, uma dinâmica intensa e vital que é colocada em prática diariamente, em todos os níveis e localidades da companhia.

A ambição do Magalu é contribuir para que bens até então acessíveis somente a uma classe privilegiada possam chegar a todos os brasileiros. "Não se trata apenas de consumo, mas da transformação de vidas por meio do acesso. Por exemplo, aparelhos de TV levam informação e entretenimento para milhões de famílias brasileiras. As máquinas de lavar roupas ajudam a inserir as mulheres no mercado de trabalho", registra o site da empresa.

O sonho, dentro do contexto dessa missão de favorecer o acesso, passou a ser que a digitalização venha transformar para melhor as empresas brasileiras — especialmente as pequenas.

A empresa parte do princípio de que uma forma eficaz de causar impacto social é promover a inclusão digital, fazendo uma ponte entre os brasileiros e esse desafiante novo mundo, como sugere nas suas diversas publicações. Sempre com uma pitada de bom humor, "ensinando também a usufruir desse mundo com moderação".

De fato, ao se tornar um grande ecossistema digital, o Magalu, com suas raízes fincadas no interior do país, pode ser uma das grandes forças impulsoras para a cultura digital do Brasil na base da sua pirâmide social.

UM PROPÓSITO QUE GERA ORGULHO E RESULTADOS

A razão de ser do Magalu é claramente disseminada pela companhia a partir de suas lideranças. "O exemplo que vem dos líderes deixa muito forte isso. Se fosse só um discurso no papel não teria tanta força e profundidade como tem", reconhece o gerente de comunicação interna do Magazine Luiza, Tiago Augusto dos Santos, em reportagem publicada pela *Gazeta do Povo* em 25 de fevereiro de 2021.

Na mesma reportagem, Patricia Pugas, diretora de RH do Magalu, afirma que o propósito é o que direciona a estratégia da empresa. Todas as ações internas se destinam a perseguir esse propósito. "Não está só escrito na parede, é um estímulo, além de ganhar algum dinheiro para pagar as contas no fim do mês."

UMA PÍLULA CONCEITUAL

Construir com clareza o propósito de uma empresa, de uma equipe, da família ou de uma comunidade tornou-se uma poderosa alavanca para os líderes inspiradores de verdade.

Recentemente, o CEO de uma empresa para o qual faço um trabalho de mentoria indagou: "Como posso me transformar de um líder motivador hoje em um líder inspirador mais adequado aos novos tempos?" Respondi que esse novo tipo de líder se diferencia por reunir um conjunto de competências, "as cinco forças do líder inspirador", que apresentei no livro *Seja o líder que o momento exige*, publicado em 2018. Delas, destaco a capacidade de construir um senso de propósito comum com suas equipes, em vez de apenas oferecer empregos e tarefas ou cobrar resultados.

O líder inspirador fornece às pessoas aquilo que mais desejam: um significado para suas vidas, uma bandeira, uma razão de existência. Acredita que as pessoas — no trabalho, na família ou na comunidade — estão dispostas a dar o melhor de si e até a fazer sacrifícios, desde que se identifiquem com uma causa, um porquê. O líder inspirador turbina as pessoas, maximiza o uso da energia humana por meio de causas que lhes alimentem a convicção de que podem mudar o mundo com seu trabalho e engajamento.

Atenção: propósito não é sinônimo de produto ou serviço, nem de metas, nem de descrever o "quê", muito menos da tradicional definição de "missão", já desbotada pelo uso. Propósito tem a ver com "porquê": trata-se do *ikigai*, expressão japonesa que significa "razão de viver". Todos temos um *ikigai*, e descobri-lo exige uma profunda e extensa busca de si mesmo.

Qual é a razão de ser de uma empresa, de uma família ou de uma pessoa? Todos precisamos responder para nós mesmos essa questão existencial. Nunca me canso de repetir a frase "quem tem um porquê enfrenta qualquer como", citada pelo psiquiatra austríaco Viktor Frankl, que sobreviveu a três anos de trabalho forçado em um campo de concentração nazista, no livro *Em busca de sentido* (1946), e que teria sido dita originalmente pelo filósofo austríaco-alemão Friedrich Nietzsche.

É verdade: o propósito tem o poder de ajudar as pessoas a identificarem com clareza o rumo que precisam seguir, as escolhas e decisões que devem ser tomadas, a sentirem que fazem parte de algo nobre, que vai muito além da troca de trabalho por remuneração, e a superarem situações inesperadas ou indesejadas. Mas o propósito não se limita à atividade de uma empresa. O propósito implica o exercício da cidadania. Aliás, quando vamos registrar uma empresa em uma junta comercial, a primeira questão a ser respondida é a "razão social" da empresa. Simples assim!

O PROPÓSITO NA ESFERA DA CIDADANIA

O crescimento sustentável, mantendo o espírito inovador, respeitando as pessoas e buscando o desenvolvimento do país, fez o Magazine Luiza se tornar uma referência em gestão empresarial. Foi assim que a empresa cresceu e pretende continuar se expandindo nos próximos anos.

As iniciativas ESG, uma novidade para inúmeras empresas, já vêm sendo praticadas pelo Magalu há bastante tempo. A sigla resume três preocupações fundamentais: *Environmental* (ambiental), *Social* (social) e *Governance* (governança). Tais desafios não surgiram agora. O relatório *Who Cares Wins*, elaborado por instituições financeiras de diferentes países a convite da ONU em 2005, já considerava os resultados ambientais, sociais e de governança essenciais para o desenvolvimento sustentável das nações e do mercado.

Desde que as três vertentes passaram a ser tratadas de forma articulada, as ações de ESG estão ganhando cada vez mais relevância como um dos critérios que atraem investidores. Empresas comprometidas com a perenidade sustentável — por exemplo, conscientes de que não podem gerar lucros às custas da exploração desenfreada de recursos naturais — têm conseguido financiamento com juros mais baixos. Afinal, recursos naturais são finitos e devem ser preservados para a sobrevivência das próximas gerações e da própria empresa.

EM DEFESA DO AMBIENTE

Embora a natureza do negócio de varejo nem sempre ocasione agressão direta ao meio ambiente, o Magazine Luiza tem empreendido ações visando reduzir os impactos indiretos gerados pela atividade. Por exemplo, para incentivar o descarte correto de embalagens, adota lixeiras de coleta seletiva em seus escritórios e centros de distribuição. Também desenvolve campanhas de sensibilização sobre o tema no Portal Luiza e na Rádio Luiza.

Desde 2012, a companhia adota o papel de remanejo florestal de marcas homologadas com o selo FSC (*Forest Stewardship Council*, em português Conselho de Manejo Florestal). O selo garante que o processo produtivo cumpre as leis vigentes e é manejado de forma ecologicamente adequada, socialmente justa e economicamente viável. Fora isso, seus escritórios são dotados de luzes com sensor de presença e torneiras temporizadas.

Dois centros de distribuição do grupo, em Louveira (SP) e Alhandra (PB), foram projetados para aproveitar melhor a iluminação natural, reduzir o consumo da energia e utilizar a água da chuva. Os pallets de madeira adquiridos possuem certificação de manejo sustentável de florestas. O CD de Louveira ainda recebeu a certificação de responsabilidade ambiental emitida pela Cetesb por dar uma destinação final ambientalmente correta aos pneus que não têm mais serventia.

Devido ao grande volume de entregas — mais de 60 mil por dia —, o Magazine passou a monitorar parte da sua frota de caminhões desde 2013 a fim de antecipar desgastes mecânicos, proceder à manutenção preventiva, reduzir custos com o uso inadequado e otimizar o uso de pneus. Outro resultado prático desse monitoramento é a redução na emissão de gases de efeito estufa.

RESPONSABILIDADE SOCIAL

Faz parte do DNA do Magalu a valorização do capital humano e o exercício da responsabilidade social. A empresa se empenha em construir um ambiente saudável para os colaboradores, no qual predominam a confiança, o respeito às diferenças e a inclusão.

Luiza Helena assinalou que a diversidade agrega valor para as organizações ao participar do painel sobre o tema durante o evento Os Melhores do ESG, promovido pela revista *Exame*,

entre 3 de maio e 18 de junho de 2021: "Agora as empresas precisam ter diversidade, porque elas descobriram que tem valor financeiro. Mas, para realmente implementar mudanças, é preciso passar por mudanças profundas."
Vale a pena mencionar algumas iniciativas que são bem peculiares do Magalu:

- **Defesa da mulher:** Valorizar pessoas e causas sociais e prestar apoio àqueles que mais necessitam são bandeiras defendidas pelo Magazine Luiza. Para promover a cultura do respeito e da igualdade entre homens e mulheres, em 2014 a empresa aderiu ao Pacto de Compromisso e Atitude pela Lei Maria da Penha, promovido pela Secretaria Nacional de Políticas para as Mulheres da Presidência da República. Uma parceria com a Delegacia de Defesa de Mulher, em Franca, permitiu apoiar mulheres e crianças vítimas de agressões e inspirou a criação do Canal da Mulher para denúncias de violência, descrito na Lição 3. A companhia chegou, inclusive, a preparar uma cartilha com cinco passos para envolver outras empresas em um pacto pelo fim da violência contra as mulheres.

- **Inclusão feminina em cargos de chefia:** A empresa assumiu o compromisso de aumentar o número de mulheres em cargos de chefia durante a segunda edição do Fórum Mulheres em Destaque, em 2012. Foram traçadas metas para elevar o percentual de mulheres em posição de liderança em cinco anos, desenvolver profissionais para ocupar cargos de gestão e corrigir diferenças salariais entre homens e mulheres no mesmo cargo. Um dos resultados práticos foi a implementação de cotas femininas em altos cargos executivos. O Magalu tem 40% dos cargos do conselho ocupados por mulheres, e na edição de 2021 do GPTW Mulher ficou em sétimo lugar no ranking das setenta melhores empresas para mulheres trabalharem no Brasil.

- **Movimento Mulheres do Brasil:** Fundado em 2013 por um grupo de quarenta mulheres lideradas por Luiza Helena Trajano, é um movimento da sociedade civil, suprapartidário, cuja espinha dorsal é o desejo de um Brasil melhor. Em junho de 2021, reunia quase cem mil participantes engajadas na elaboração de políticas públicas, trabalhando em vinte e uma causas, que incluem saúde, educação, cultura, ciência, tecnologia, igualdade social, combate à violência contra a mulher e empreendedorismo. Ao fazer planejamento estratégico e traçar metas para cada uma dessas áreas, o grupo pretende ajudar o país a encontrar soluções para seus problemas e ao mesmo tempo reduzir o abismo existente entre homens e mulheres em postos públicos e privados.

- **Movimento #UnidospelaVacina:** Empenhado em agilizar o acesso dos brasileiros à vacina contra Covid-19, o movimento contabilizou mais de mil líderes da sociedade civil, atuando junto a 5.669 municípios com a intenção de estabelecer conexões entre doadores e as necessidades das comunidades para aderir ao Programa Nacional de Imunização: reforma da unidade de saúde, locação de tendas, implantação de rede Wi-Fi e aquisição de computadores, geladeiras, freezers, caixas térmicas, lixeiras com pedal, seringas e aventais.

GOVERNANÇA

A terceira dimensão do ESG envolve um aprofundamento do processo decisório com regras claras sobre a atuação e interdependência das diferentes instâncias, como conselho, comitês e a diretoria, cada um com alçada bem definida. Envolve, também, regras de *compliance* e o consequente cumprimento da legislação, a honestidade nos contratos, a transparência com acionistas, o combate à corrupção. Por exemplo, entre as cláusulas de seus contratos comerciais, há muito tempo o Magalu instituiu que não pode vender produto falsificado, sem nota fiscal comprobatória, ou que resulte de trabalho infantil.

Finalmente, o *Código de ética e conduta* da empresa estabelece que todos os fornecedores "devem cumprir com as exigências legais, trabalhistas e ambientais, adotar medidas anticorrupção, além de gozar de boa reputação".

É interessante notar que as três dimensões (ambiental, social e governança) estão diretamente conectadas. O respeito às leis ambientais pode ter início em decisões da liderança, mas só transforma comportamentos se houver engajamento da equipe.

Cada vez mais as empresas serão requisitadas a assumir posicionamentos e a cumprir agendas destinadas a combater problemas que afligem a sociedade. O consumidor exigirá uma postura clara das marcas. O Magalu saiu na frente.

Não se trata apenas de altruísmo, mas do *smart capital*, que pode ser mais importante que assinar um cheque, fazer uma doação e cruzar os braços. Trata-se de fazer acontecer e participar ativamente na construção de soluções para os desafios que nos afligem.

APRENDIZADOS ÚTEIS PARA VOCÊ E SUA EMPRESA

Podemos extrair alguns ensinamentos dessa consciência do Magalu traduzida em iniciativas extramuros. Os principais são:

- O poder do propósito como força motriz, um direcionador para decisões, capaz de aglutinar esforços e dar significado à vida das pessoas;
- A eficácia de tomar decisões dentro de um *framework*, isto é, alinhadas com a alma da empresa, em vez de apostar em decisões casuísticas tomadas de forma impulsiva sob pressões momentâneas;
- A importância de práticas de cidadania como forma de exercer responsabilidade, mas também de falar a mesma linguagem dos seus clientes;
- A consciência de que cidadania não é sinônimo de filantropia, mas de engajamento, liderança social e capacidade de aglutinar forças em prol de soluções que impactarão a sociedade;
- A noção de que o consumidor não se deixa mais convencer por iniciativas pontuais focadas apenas em melhorar a imagem da empresa. É necessário investir em ações integradas, bem planejadas e que tragam benefícios tangíveis para a sociedade.

PRÓXIMOS DESAFIOS

Pelo menos quatro desafios devem ser aprofundados para aprimorar ainda mais o jeito de ser Magalu no que tange ao propósito no negócio e na cidadania.

LIÇÃO 5. SENSO DE PROPÓSITO: NEGÓCIOS E CIDADANIA 113

Como continuar contribuindo para a construção da sociedade 5.0, entendida como a capacidade de desenvolver um modelo de organização social que aplica diversas tecnologias para prover o bem-estar das pessoas, a qualquer hora, em qualquer lugar? Como contribuir com esse esforço de forma que extrapole o mundo do varejo?

Como engajar os milhões de clientes, que representam parcela significativa da população brasileira, em uma campanha educacional sobre práticas socioambientais?

Como garantir a contribuição do Magalu para a economia circular por meio da reciclagem futura dos produtos vendidos? Será possível amarrar na venda o compromisso da devolução do equipamento quando ficar obsoleto?

Como prevenir que iniciativas sociais e ambientais interfiram negativamente na reputação e na imagem da empresa devido a situações inesperadas, a mal-entendidos, a erros involuntários, ou a atitudes premeditadas de terceiros com o objetivo de prejudicar a empresa por motivos inconfessáveis?

PAUSA PARA REFLEXÃO

- LISTE TRÊS SITUAÇÕES SOBRE O PROPÓSITO DE EMPRESAS QUE VOCÊ CONHECE E QUE FORAM OU ESTEJAM SENDO BEM CONDUZIDAS.
- LISTE TRÊS SITUAÇÕES SOBRE O PROPÓSITO DE EMPRESAS QUE VOCÊ CONHECE E QUE FORAM OU ESTEJAM SENDO MAL CONDUZIDAS.
- DA DESCRIÇÃO DO PROPÓSITO E DAS AÇÕES DE CIDADANIA DO MAGALU, QUAIS AS TRÊS PRINCIPAIS LIÇÕES QUE VOCÊ TIROU?

A) _____
_____

B) _____
_____

C) _____
_____

QR CODES: ACESSE E VEJA MAIS

SITE DO GRUPO MULHERES DO BRASIL

ENTREVISTA COM LUIZA TRAJANO SOBRE INOVAÇÃO E RESPONSABILIDADE SOCIAL NO PROGRAMA *OPINIÃO LIVRE*

POCKET VÍDEO DO AUTOR SOBRE O DESAFIO DO SENSO DE PROPÓSITO

CONCLUSÃO

Magalu, a neoempresa

"Ainda não inventaram nada melhor do que o binômio clientes e pessoas para turbinar uma empresa. Tecnologia é o meio, o veículo. Resultados serão a consequência natural da gestão eficaz desse binômio clientes/pessoas combinado com o uso inteligente da tecnologia." Com essas palavras provocadoras, iniciei uma breve apresentação para os fundadores de várias *startups*, todas elas empresas investidas pela associação BR Angels. Estavam presentes ali dezenas de membros desse grupo de investidores do qual faço parte.

A frase nasceu inspirada no jeito de ser Magalu. Cometi a ousadia de tentar passar para jovens empreendedores — que já alcançaram um significativo grau de sucesso — lições aprendidas com essa grande empresa que consegue o milagre de manter o espírito de *startup*.

Já estava, assim, ensaiando cumprir o propósito deste livro: estimular uma profunda reflexão sobre as bases de um novo modelo de negócios e de uma filosofia de gestão diferenciada, independentemente do tamanho ou da natureza da atividade.

Afinal de contas, o Magalu não é "apenas" uma empresa. Transcendeu. Tornou-se símbolo de um Brasil possível, de amor ao trabalho, às pessoas, aos clientes, aos parceiros, à comunidade, de respeito à diversidade e inclusão.

De forma simples, direta e sem floreios, procurei ao longo desta obra compartilhar minha percepção sobre os cinco fatores responsáveis pelo sucesso do Magalu: sucessão exemplar; cliente no centro de tudo; paixão pelas pessoas e equipes; tecnologia humanizada pela solução FiGital; senso de propósito no negócio e na cidadania.

Certamente existem outros fatores. Contudo, o objetivo do livro não era traçar uma biografia empresarial, mas salientar os pontos mais importantes para aprofundar o entendimento e motivar novas práticas empresariais.

Considerando o dito popular — "a perfeição é como a linha do horizonte, a gente nunca chega lá, mas temos de andar sempre em direção a ela" —, o Magalu deverá enfrentar vários desafios em cada um dos cinco fatores-chave enumerados, que foram apresentados como alertas, no final de cada capítulo, sob a forma de questões.

É possível adicionar à nossa reflexão outros desafios ainda mais amplos: Seria a internacionalização um próximo passo, uma oportunidade a ser explorada, uma vez consolidada a operação no Brasil em um patamar confortável? Como aprimorar o jeito de ser Magalu sem perder a sua essência, a sua alma, e afastar o risco de dispersão diante de um provável crescimento exponencial nos próximos anos? Como obter a curva dos máximos na dialética entre a integração baseada na atual cultura e a diversidade (diferenciação) em larga escala? Como moldar a imagem de eficácia e eficiência do Magalu de forma progressivamente desatrelada a personagens específicos?

Ao mergulhar na análise do jeito de ser Magalu e entender melhor o funcionamento da empresa e sua trajetória ao longo de diferentes fases, salta aos olhos uma conclusão: mais do que simplesmente uma empresa de sucesso, o Magalu passou a ser um farol emblemático na filosofia e na prática de negócios.

O Magalu consegue "juntar o aparentemente injuntável" — tomando de empréstimo a feliz expressão do comandante Ozires Silva, fundador da Embraer. Ou seja, a empresa consegue fazer o capital financeiro caminhar junto com o capital humano, sonho verbalizado por Luiza Helena Trajano. Nasceu pequeno, pensou diferente e tem crescido bastante, mas não perdeu sua alma nesse ritmo impressionante, transformando-se em um símbolo do capitalismo humanizado, uma empresa que luta pelos seus resultados sendo socialmente responsável.

Muito longe da perfeição, mas sempre em busca de melhorias contínuas, é muito provável que novas edições deste livro venham com acréscimos e ajustes. Afinal, o Magalu é uma "metamorfose ambulante".

Poderia colocar um ponto final neste livro neste momento, mas não gostaria de furtar do leitor a oportunidade de apreciar o Magalu como um exemplo da neoempresa que precisamos construir no futuro.

A NEOEMPRESA

Vários ícones do mundo empresarial brasileiro tombaram sob o peso das mesmas estratégias que as levaram ao sucesso. Não souberam se reinventar. Em diversas situações, os líderes empresariais viram as mudanças chegando e responderam rapidamente — ao contrário do que diz o senso comum. O problema é que as respostas apenas reforçaram o que deu certo no passado, repetindo velhas fórmulas de sucesso que já não servem mais.

Nada disso tem sido suficiente para que os vencedores de ontem sobrevivam às incertezas do mundo globalizado, turbinado pela revolução tecnológica, pelos novos hábitos de trabalho e de consumo e pelas exigências da economia de serviços e de conhecimento. Aí veio a Covid-19, que tirou a vida de centenas de milhares de pessoas no Brasil e também de milhares de empresas.

Contudo, não são somente fatores externos que têm empurrado as empresas para fora do jogo. O maior perigo muitas vezes se encontra dentro da própria casa: práticas gerenciais obsoletas, falta de rumo claro, estruturas inadequadas, falta de integração entre as áreas, pensamento fragmentado, atitudes idiossincráticas, pouco foco nos clientes, incapacidade de colaborar com parceiros, gestão ultrapassada das pessoas e governança que engessa o funcionamento, afugenta jovens talentos e tira a agilidade de resposta.

Foi-se o tempo em que as empresas competiam sustentadas por algumas vantagens comparativas, que eram percebidas como "duradouras", como acesso a recursos naturais e domínio de matérias-primas, disponibilidade de capital e reservas financeiras vultosas, mercado protegido artificialmente por leis arbitrárias, ou acesso privilegiado ao poder político.

No cenário atual, as empresas de sucesso serão aquelas que evoluírem da posição tradicional de sustentar algumas vanta-

CONCLUSÃO: MAGALU, A NEOEMPRESA

gens duradouras para o movimento constante de criar outras temporárias. Afinal, nesse ambiente, toda e qualquer vantagem competitiva é volátil. Daí a necessidade de reformulá-las, não apenas em épocas de crise, mas de forma contínua. Sepultar ideias mortas que condicionam ações e comportamentos obsoletos e conduzem a decisões equivocadas é o primeiro passo para criar uma neoempresa.

Não se disputa mais apenas fatia de mercado e preferência de clientes. A nova fronteira será no conjunto de diferenciais, fatores-chave que separam as empresas vencedoras das perdedoras na hora da verdade.

Produto de boa qualidade e preços atraentes não constituem mais esse diferencial. Tudo isso passou a ser mera obrigação. Os produtos, por mais que sejam inovadores, estão sujeitos a cópias, com raras exceções. A competência diferenciadora agora é algo intangível. A cultura da empresa. A paixão pelas pessoas, equipes e pelos clientes. O respeito da sociedade. A reputação junto a fornecedores e parceiros estratégicos. O senso de propósito. E, justamente por se tratar de algo difícil de imitar, é esse conjunto que tem valor transcendental para a empresa.

Possuidora de um elenco de características que a diferencia daquelas empresas tradicionais do passado, a neoempresa...

... constrói um mapa de geração de valor, que é decorrente do seu propósito e do significado percebido pelas entidades que fazem parte do seu ecossistema, o que leva a resultados surpreendentes, indo muito além do "mero" valor econômico;

... desenvolve uma cultura integradora, organizada por negócios, indo muito além de apenas incentivar a tradicional postura fragmentadora, baseada na organização funcional;

... **promove o progresso dos seus clientes**, em vez de apenas buscar o seu próprio progresso. Coloca o cliente no centro do seu organograma, com a certeza de que o seu sucesso é consequência direta do sucesso dos seus clientes, distribuidores e parceiros. Educa o cliente para o que de fato necessita, indo muito além de apenas atender seus desejos e "superar suas expectativas";

... **cultiva a paixão pelas pessoas e equipes**, em vez de valorizar somente as pesquisas de motivação de funcionários. Constrói em todos os níveis e em todos os componentes do seu negócio um clima de paixão, indo muito além de ser apenas uma "empresa admirada". Customiza a gestão das pessoas, em vez de apenas gerenciar cargos. Respeita a individualidade de cada um, oferecendo uma razão inspiradora para suas vidas. Obtém, assim, o melhor do seu patrimônio humano em vez de contar meramente com "colaboradores satisfeitos";

... **integra de forma sistêmica** o modelo de negócios, o modelo de gestão e o modelo organizacional, indo muito além da "colcha de retalhos" que caracteriza as fragmentadas empresas tradicionais;

... **reinventa-se continuamente,** criando um clima de inovação permanente ao incorporar clientes e parceiros na busca de soluções a quatro mãos, integradas e conjuntas, indo muito além da criatividade espasmódica e das "caixinhas de sugestões";

... **atrai e desenvolve líderes e gestores inspiradores**, verdadeiros construtores de pontes, que investem na formação de outros líderes, indo muito além dos chefes construtores de paredes individualistas e sectários que formam apenas seguidores;

... **constrói arquipélagos de excelência,** em vez de ilhas de competência. Busca alto grau de integração tanto nas suas equipes de alta performance quanto na arquitetura de poderosos *hubs* de parceiros, indo muito além da gestão de fornecedores e prestadores de serviços;

... **incorpora a sustentabilidade** (social, ambiental e econômico-financeira) ao seu modelo de negócios, identificando de forma customizada o fator crítico para os seus diversos públicos;

... **coloca a tecnologia a serviço do ser humano** e não vice-versa, estimulando, assim, o *"high touch"* sempre que precisar da *"high tech"*;

... **edifica um modelo de governança sadio,** que evita engessar o processo decisório e, consequentemente, afugentar os talentos inquietos das novas gerações.

Enfim, a neoempresa valoriza o intangível, em vez de apenas o tangível. Distingue-se dos concorrentes por cultivar confiança, relacionamentos diferenciados, cultura explícita, compartilhada, entendida e praticada, e um clima de inovação permanente, fatores que vão muito além da gestão eficiente de capital, equipamentos, estoques, tecnologia e instalações.

Os líderes e gestores da neoempresa constroem o futuro enquanto garantem o presente, buscando no curto prazo a excelência do longo prazo. Não visam apenas ao crescimento, mas à longevidade autossustentável, exatamente como faz o Magalu.

CALL TO ACTION

Espero que a trajetória do Magalu, relatada por meio dessas cinco lições e das considerações feitas sobre a neoempresa, sirva de incentivo para você refletir sobre o seu posicionamento profissional e o estágio atual do seu empreendimento ou da empresa onde trabalha.

Registre suas ideias sobre mudanças que pretende fazer ou iniciativas que deseja tomar nas próximas páginas em branco, referentes aos temas aqui abordados: sucessão, clientes, pessoas e equipes, tecnologia e senso de propósito.

Mãos à obra! O caminho é árduo, mas os líderes e gestores do Magalu nos ensinaram que pode ser percorrido. Sucesso!

cesarsouza@empreenda.net

Iniciativas sobre sucessão

Iniciativas sobre clientes

Iniciativas sobre pessoas e equipes

Iniciativas sobre uso de tecnologia

Iniciativas sobre senso de propósito: negócio e cidadania

Agradecimentos

O que você leu até aqui não seria possível sem muitas pessoas que me deram apoio e incentivo para as inúmeras horas de pesquisa e redação necessárias para preparar este livro — minha família, sócios e colegas da Empreenda e vários amigos.

Agradeço a Bruno Zolotar, diretor comercial da Rocco, pelo convite para revelar a alma do Magalu por meio de lições capazes de inspirar quem lidera e empreende nesse momento complexo que atravessamos. Também agradeço à equipe comandada por Ana Lima, que transformou palavras digitadas neste belo projeto editorial.

À jornalista Cristina Nabuco, incansável escudeira dos meus textos, que impediu que muitos erros fossem cometidos e trouxe informações, dicas e sugestões valiosíssimas à versão final.

À Luciana Vilas Boas, querida agente literária, e à equipe da VBMLitag, pelo competente apoio e encorajamento de sempre.

E agradeço a você que chegou até aqui, na esperança de que as lições e provocações contidas neste livro sejam úteis na sua jornada. Tomo emprestado o lúcido verso cantado por Milton Nascimento — "o trem que chega é o mesmo trem da partida" — para propor que esta última página não seja o final do livro, a chegada, mas sim o início, a partida rumo a um novo patamar na sua carreira e no seu empreendimento.

Referências

AGÊNCIA O GLOBO. Magazine Luiza anuncia corte de salários de executivos e funcionários. IgMail, 8 abr. 2020. Disponível em: <https://economia.ig.com.br/2020-04-08/magazine-luiza-anuncia-corte-de-salarios-de-executivos-e-funcionarios.html>. Acesso em: 14 jun. 2021.

ALEMI, Flavia. Magazine Luiza compra Netshoes por US$ 115 milhões após disputa de semanas com Centauro. *O Estado de São Paulo*, 14 jun. 2019. Disponível em: <https://economia.estadao.com.br/noticias/geral,magazine-luiza-compra-netshoes-por-us-115-mi-apos-disputa-de-semanas-com-centauro,70002872424>. Acesso em: 17 maio 2021.

AMARO, Mariana. Luiza Trajano anuncia sucessão em Magazine Luiza, a partir do ano que vem. *Você S.A*, 19 nov. 2015, atualizada em 17 dez. 2019. Disponível em: <https://vocesa.abril.com.br/geral/luiza-trajano-anuncia-sucessao-em-magazine-luiza-a-partir-do-ano-que-vem/>. Acesso em: 25 mar. 2021.

BRIGATTO, Gustavo. Quero ser Jeff Bezos. Startup, 19 abr. 2021. Disponível em: <https://startups.com.br/noticias/quero-ser-jeff-

bezos-frederico-trajano-compra-fatia-de-25-no-site-poder360-do-jornalista-fernando-rodrigues/>. Acesso em: 22 abr. 2021.

CAVALCANTI, Glauce. Magazine Luiza chega ao Rio com Anitta como garota propaganda, bikes azuis e ao menos 50 lojas. *O Globo*, 29 jun. 2019. Disponível em: <https://oglobo.globo.com/economia/magazine-luiza-chega-ao-rio-com-anitta-como-garota-propaganda-bikes-azuis-ao-menos-50-lojas-25082518>. Acesso em: 30 jun. 2021.

COUTO, Marcus. Dona do Magalu diz que empresa vai "entrar forte" em campanha pró-vacina. Yahoo, 10 dez. 2020. Disponível em: <https://br.financas.yahoo.com/noticias/dona-do-magalu-diz-que-empresa-vai-entrar-forte-em-campanha-provacina-172903911.html>. Acesso em: 4 jan. 2021.

CUNHA, Joana. Escolhidos no trainee para negros estavam em postos abaixo de suas capacidades, diz presidente do Magalu. *Folha de São Paulo*, 2 jan. 2021. Disponível em: <https://www1.folha.uol.com.br/mercado/2021/01/escolhidos-no-trainee-para-negros-estavam-em-postos-abaixo-de-suas-capacidades-diz-presidente-do-magalu.shtml>. Acesso em: 4 jan. 2021.

CUNHA, Joana. Magalu dobra número de contratados em trainee de negros, após ataques. *Folha de São Paulo*, 2 jan. 2021. Disponível em: <https://www1.folha.uol.com.br/mercado/2021/01/magalu-dobra-numero-de-contratados-em-trainee-de-negros-apos-ataques.shtml>. Acesso em: 4 jan. 2021.

DAL POZ, Cátia. Entrevista com Luiza Helena Trajano. One Million Voices, 18 abr. 2021 (Live). Disponível em: <https://www.youtube.com/watch?v=lPkB5N7rhrU>. Acesso em: 18 abr. 2021.

DANTAS, Luiz Felipe. A transformação digital da Magalu e seus impactos nos negócios. Use Mobile, 30 jan. 2020. Disponível em: <https://usemobile.com.br/magalu-trasnformacao-digital/>. Acesso em: 31 mar. 2021.

DE CHIARA, Márcia. Magazine Luiza tem novo superintendente. *O Estado de São Paulo*, 9 maio 2009. Disponível em: <https://economia.estadao.com.br/noticias/geral,magazine-luiza-tem-novo-superintendente,367956#:~:text=Silva%20substitui%20

Luiza%20no%20cargo&text=O%20pernambucano%20Marcelo%20Silva%2C%20de,que%20acaba%20de%20ser%20criado>. Acesso em: 25 mar. 2021.

ESTADÃO CONTEÚDO. Biênio 2015-2016 soma pior recessão da economia brasileira desde 1948, afirma IBGE. *GZH*, 7 mar. 2017. Disponível em: <https://gauchazh.clicrbs.com.br/economia/noticia/2017/03/bienio-2015-2016-soma-pior-recessao-da-economia-brasileira-desde-1948-afirma-ibge-9742517.html>. Acesso em: 14 jun. 2021.

ESTADÃO CONTEÚDO. Sob comando de sucessor, valor de mercado do Magazine Luiza cresce mais de 30 vezes. *Diário do Comércio*, 5 set. 2017. Disponível em: <https://dcomercio.com.br/categoria/negocios/sob-comando-de-sucessor-valor-de-mercado-do-magazine-luiza-cresce-mais-de-30-vezes>. Acesso em: 25 mar. 2021.

ESTADÃO ENTREVISTA. "2016 vai ser tão difícil quanto 2015", diz presidente do Magazine Luiza. SEAAC Campinas, 1 fev. 2016. Disponível em: <https://www.seaaccampinas.org.br/2016-vai-ser-tao-dificil-quanto-2015-diz-presidente-do-magazine-luiza/>. Acesso em: 25 mar. 2021.

EXAME. O Segredo do Sucesso do Magazine Luiza. *Exame*, 17 set. 2003. Disponível em: <https://casesdesucesso.files.wordpress.com/2008/01/magazine_luiza.pdf>. Acesso em: 14 jun. 2021.

FARANI, Camila. A importância da venda sem atritos. *O Estado de São Paulo*. 9 dez. 2020. Disponível em: <https://www.terra.com.br/noticias/tecnologia/inovacao/a-importancia-da-venda-sem-atritos,403003e135197d7162ff2eed344d25cae9rc2z4e.html>. Acesso em: 10 mar. 2021.

FGV. Sucessão e Governança das Empresas Familiares. Evento promovido pelo Centro de Estudos de Varejo da Fundação Getúlio Vargas, em São Paulo, 26 jul. 2019. Disponível em: <https://marcelosilva.com.br/videos/magazine-luiza-sucessao-e-governanca-das-empresas-familiares/>. Acesso em: 28 maio 2021.

FILIPPE, Marina. Os 100 líderes empresariais com melhor reputação no Brasil. *Exame*, 11 mar. 2021. Disponível em: <https://exame.

com/marketing/os-100-lideres-empresariais-com-melhor-reputacao-no-brasil/>. Acesso em: 15 mar. 2021.

FOLHA. Transformação digital de Verdade. Conheça o Case da Magazine Luiza. Instituto da Transformação Digital, 1 abr. 2020. Disponível em: <https://www.institutodatransformacao.com.br/as-transformacoes/noticias/transformacao-digital-de-verdade-conheca-o-case-da-magazine-luiza?gclid=Cj0KCQjwzYGGBhCTARIsAHdMTQzneWqoM9TksRNhfo0IigEBcnXdeXv4fXWhs-4VortauiidNzUtnK9gaAjK3EALw_wcB>. Acesso em: 2 jun. 2021.

GPTW. Boas práticas de algumas das melhores empresas da América Latina. GPTW, 8 jun. 2020. Disponível em: <https://gptw.com.br/conteudo/artigos/melhores-empresas-na-america-latina/>. Acesso em: 14 jun. 2021.

GPTW. O que é ESG?. GPTW, 9 mar. 21. Disponível em: <https://gptw.com.br/conteudo/artigos/o-que-e-esg/>. Acesso em: 14 jun. 2021.

INFOMONEY. Luiza Helena Trajano: a empresária que fez o Magazine Luiza virar referência em inovação e diversidade. (s/d). Disponível em: <https://www.infomoney.com.br/perfil/luiza-helena-trajano>. Acesso em: 31 maio 2021.

JULIBONI, Márcio. Magazine Luiza, Via Varejo e Renner: funcionários felizes fazem ação subir? O UBS responde. *MoneyTimes*, 12 fev. 2020. Disponível em: <https://www.moneytimes.com.br/magazine-luiza-via-varejo-e-renner-funcionarios-felizes-fazem-acao-subir-o-ubs-responde/#:~:text=O%20Magazine%20Luiza%20(MGLU3)%20ocupa,%2C1%25%20no%20ano%20passado>. Acesso em: 14 jun. 2021.

LG. 5 lições de liderança que você pode aprender com Luiza Trajano. LG Lugar de Gente Sistemas Humanos. 15 ago. 2017. Disponível: <https://blog.lg.com.br/5-licoes-de-lideranca-com-luiza-trajano/>. Acesso em: 4 jun. 2021.

MADUREIRA, Daniele. De corpo e alma: as lições de Marcelo Silva, o conselheiro que fez a ponte na gestão do Magazine Luiza. Seu Dinheiro, 19 ago. 2019. Disponível em: <https://www.seudinheiro.com/2019/governanca-corporativa/de-corpo-e-alma-

as-licoes-de-marcelo-silva-o-conselheiro-que-fez-a-ponte-na-gestao-do-magazine-luiza/>. Acesso em: 10 fev. 2021.

MADUREIRA, Daniele. Para crescer no digital, Magalu aposta em moda, beleza e delivery de comida. *O Estado de São Paulo*, 10 mar. 2021. Disponível em: <https://economia.estadao.com.br/noticias/geral,para-crescer-no-digital-magalu-aposta-em-moda-beleza-e-delivery-de-comida,70003642363>. Acesso em: 10 mar. 2021.

MAGAZINE LUIZA. Código de Ética e Conduta. Disponível em: <https://ri.magazineluiza.com.br/Download.aspx?Arquivo=VohEz HvTtsHDMlxZEdqTCQ==>. Acesso em: 20 maio 2021.

MAGAZINE LUIZA. Quem somos. Disponível em: <https://ri.magazineluiza.com.br/ShowCanal/Quem-Somos?=urUqu4hA NldyCLgMRgOsTw==>. Acesso em: 13 abr. 2021.

MAGAZINE LUIZA. Relatório Integrado 2018. Disponível em: <https://ri.magazineluiza.com.br/ShowCanal/Download.aspx?Arq uivo=cXkxjWTEanLG18gEn29bYw==>. Acesso em: 25 jun. 2021

MAGAZINE LUIZA. Relatório Integrado 2019. Disponível em: <https://ri.magazineluiza.com.br/ShowCanal/Download.aspx?Arq uivo=Wr115ZB0jiLfFe5zhBkRvA==>. Acesso em: 25 jun. 2021.

MAGAZINE LUIZA. Respeito, desenvolvimento e reconhecimento. GPTW 2015. Disponível em: <http://conteudo.magazineluiza.com.br/pdf/gptw-2015.pdf>. Acesso em: 19 maio 2021.

MAGAZINE LUIZA. Respeito, desenvolvimento e reconhecimento. GPTW 2017. Disponível em: <https://ri.magazineluiza.com.br/Download.aspx?Arquivo=YTOgCXWfAmNJNa8jNo/+fQ==>. Acesso em: 19 maio 2021.

MAGAZINE LUIZA. Vamos meter a colher, sim: cartilha com cinco passos para um pacto das empresas pelo fim da violência contra as mulheres. 2018. Disponível em: <http://www.justicadesaia.com.br/wp-content/uploads/2018/09/cartilhamulher.pdf>. Acesso em: 28 jun. 2021

MANZONI JR, Ralphe. Frederico Trajano é o empreendedor do ano 2017 em e-commerce. *Isto é Dinheiro*, 1 dez. 2017. Disponível em: <https://www.istoedinheiro.com.br/frederico-trajano-e-o-

empreendedor-do-ano-2017-em-e-commerce/>. Acesso em: 30 jan. 2021.

MERCO. MERCO Empresas e Brasil. 7 ed., 2021. Disponível em: <https://www.merco.info/br/actualidad/merco-lanca-setima-edicao-do-ranking-das-100-empresas-e-lideres-com-melhor-reputacao-no-brasil>. Acesso em: 20 maio 2021.

NASCIMENTO, Talita. Lucro do Magazine Luiza cai 12,4% e fecha o terceiro trimestre em R$ 206 milhões. *O Estado de São Paulo*, 9 nov. 2020. Disponível em: <https://economia.estadao.com.br/noticias/geral,lucro-do-magazine-luiza-cai-12-4-e-fecha-o-terceiro-trimestre-em-r-206-milhoes,70003507958#:~:text=O%20Magazine%20Luiza%20registrou%20lucro,ao%20apresentado%20um%20ano%20atr%C3%A1s>. Acesso em: 10 mar. 2021.

PINE II, B. Joseph; DAVIS, Stan. *Mass customization: the new frontier in business competition*. Toronto: McGraw-Hill Ryerson Agency, 1999.

PINHEIRO, Yohanna; XIMENES, Victor. Luiza Trajano defende renda mínima e valor mais alto para o auxílio. *Diário do Nordeste*, 10 mar. 2021. Disponível em: <https://diariodonordeste.verdesmares.com.br/negocios/luiza-trajano-defende-renda-minima-e-valor-mais-alto-para-o-auxilio-confira-entrevista-1.3056989>. Acesso em: 15 mar. 2021.

PWC. Pesquisa Global sobre Empresas Familiares 2016. Disponível em: <https://www.pwc.com.br/pt/setores-de-atividade/empresas-familiares/2017/tl_pgef_17.pdf>. Acesso em: 16 jun. 2021.

QUARENGHI, Ricardo. Líder S/A com Luiza Helena Trajano. SBT. 6 jun. 2021. Disponível em: <https://www.youtube.com/watch?v=ac1a584pknc>. Acesso em: 7 jun. 2021.

RACY, Sonia. Entrevista de Luiza Helena Trajano. Cenários. Banco Safra, 20 abr. 2021 (Live). Disponível em: <https://www.youtube.com/watch?v=HcsOeh_J7oA>. Acesso em: 21 abr. 2021.

REUTERS. Magazine Luiza compra plataforma digital de moda Steal the Look. *Folha de São Paulo*, 18 mar. 2021. Disponível em: <https://aovivo.folha.uol.com.br/mercado/2021/03/01/5961-acompanhe-ao-vivo-o-mercado-financeiro-bolsas-pelo-mundo-

dolar-indicadores-e-empresas.shtml#post407309>. Acesso em: 19 mar. 2021.

REUTERS. Vendas on-line dobram e levam Magazine Luiza ao lucro no 1º trimestre. *O Estado de São Paulo*, 13 maio 2021. Disponível em: <https://economia.estadao.com.br/noticias/geral,vendas-online-dobram-e-levam-magazine-luiza-ao-lucro-no-1-trimestre,70003714710>. Acesso em: 14 maio 2021.

RIBEIRO, Gustavo. Magazine Luiza mantém DNA do interior por ambiente de trabalho com foco nas pessoas. *Gazeta do Povo*, 25 fev. 2021. Disponível em: <https://www.gazetadopovo.com.br/economia/magazine-luiza-mantem-dna-do-interior-por-ambiente-de-trabalho-com-foco-nas-pessoas/>. Acesso em: 14 jun. 2021.

RICCIARDI, Alex. Como Frederico Trajano está mudando os rumos do Magazine Luiza. *Forbes Brasil*, 15 jul. 2016. Disponível em: <https://forbes.com.br/outros_destaques/2016/07/como-frederico-trajano-esta-mudando-os-rumos-do-magazine-luiza/#:~:text=Frederico%20Trajano%20herdou%20a%20personalidade,assumiu%20a%20presid%C3%AAncia%20do%20grupo>. Acesso em: 30 jan. 2021.

SALGADO, Raquel. O novo chefe do Magazine Luiza. *Época Negócios*, 24 mar. 2016. Disponível: <https://epocanegocios.globo.com/Empresa/noticia/2016/03/o-novo-chefe-do-magazine-luiza.html>. Acesso em: 15 jun. 2021.

SCHELLER, Fernando. "A gente não se acha a última bolacha do pacote". Entrevista com Frederico Trajano. *O Estado de São Paulo*, 8 nov. 2020. Disponível em: <https://economia.estadao.com.br/noticias/geral,a-gente-nao-se-acha-a-ultima-bolacha-do-pacote,70003505561>. Acesso em: 10 mar. 2021.

SCHELLER, Fernando. Como o Magazine Luiza se tornou a maior varejista na Bolsa brasileira. *O Estado de São Paulo*, 8 nov. 2020. Disponível em: <https://economia.estadao.com.br/noticias/geral,o-negocio-do-magazine-luiza-agora-e-vender-tecnologia,70003505530>. Acesso em: 10 mar. 2021.

SCHELLER, Fernando. "Mesmo sem dinheiro, o marketing corria nas nossas veias". Entrevista com Luiza Helena Trajano. *O Es-*

tado de São Paulo, 8 nov. 2020. Disponível em: <https://economia.estadao.com.br/noticias/geral,mesmo-sem-dinheiro-o-marketing-corria-nas-nossas-veias,70003505544>. Acesso em: 10 mar. 2021.

SCHELLER, Fernando. "Não vou esperar empresa estrangeira ser protagonista digital no Brasil", diz CEO do Magalu. *O Estado de São Paulo*, 22 dez. 2020. Disponível em: <https://economia.estadao.com.br/noticias/geral,nao-vou-esperar-uma-empresa-estrangeira-ser-protagonista-digital-no-brasil,70003559951>. Acesso em: 10 mar. 2021.

SEGALLA, Amauri; MENDES, Jaqueline. Sucessão desafia empresa familiar. *Estado de Minas*, 6 abr. 2018. Disponível em: <https://www.em.com.br/app/noticia/economia/2018/04/06/internas_economia,949437/sucessao-desafia-empresa-familiar.shtml>. Acesso em: 25 mar. 2021.

SEGALLA, Mariana. Diversidade deve estar no planejamento estratégico das empresas, diz Luiza Helena Trajano. *InfoMoney*, 3 mar. 2021. Disponível em: <https://www.infomoney.com.br/negocios/diversidade-deve-estar-no-planejamento-estrategico-das-empresas-diz-luiza-helena-trajano/>. Acesso em: 25 mar. 2021.

SETTE, Gustavo. A sucessão exemplar no Magazine Luiza. LinkedIn, 30 ago. 2018. Disponível em: <https://pt.linkedin.com/pulse/sucess%C3%A3o-exemplar-magazine-luiza-gustavo-sette-da-rocha>. Acesso em: 25 mar. 2021.

SILVA. Marcelo. Biografia. Disponível em: <https://marcelosilva.com.br/biografia/>. Acesso em: 25 mar. 2021.

SILVA. Marcelo. Engajamento e cultura digital. Disponível em: <https://marcelosilva.com.br/artigos/engajamento-e-cultura-digital/>. Acesso em: 25 mar. 2021.

SOUZA, César. *A neoempresa*. São Paulo: Integrare Business, 2012.

SOUZA, César. *Cartas a um jovem líder*. Rio de Janeiro: Elsevier, 2010.

SOUZA, César. *Clientividade: a arte de falar a linguagem do Cliente*. 5 ed. Rio de Janeiro: Best Business, 2021.

SOUZA, César. *Seja o líder que o momento exige*. Rio de Janeiro: Best Business, 2018.

SOUZA, César. *Talentos & competitividade*. Rio de Janeiro: Qualitymark, 2000.
SOUZA, César. *Você é do tamanho dos seus sonhos*. Rio de Janeiro: Best Business, 2016.
TAKASHI, Eduardo. Magalu abre sua primeira loja com novo conceito e tecnologia. Disponível em: <https://edutakashi.wordpress.com/2019/11/18/magalu-abre-sua-primeira-loja-com-novo-conceito-e-tecnologias/>. Acesso em: 14 jun. 2021.
TRAJANO, Luiza Helena. Cultura Digital no Varejo com Frederico Trajano. Mundo Digital. Instagram. 8 jul. 2019. Disponível em: <https://www.instagram.com/p/Bzq39Y9AEYO/>. Acesso em: 10 fev. 2021.
TRAJANO, Luiza Helena. Entrevista. Roda Viva. TV Cultura de São Paulo, 5 out. 2020. Disponível em: <https://www.youtube.com/watch?v=Qs_imcPM7uA>. Acesso em: 12 mar. 2021.
TRAJANO, Luiza Helena. Experiência do Consumidor. CX SUMMIT 2017, 28 set. 2017, Theatro Net São Paulo/SP. Disponível em: <https://www.youtube.com/watch?v=wwne9tr9MVc>. Acesso em: 4 jun. 2021.
TRAJANO, Luiza Helena. Você é do tamanho daquilo que compartilha. Insights: CEO Talks #24, 9 set. 2020. Disponível em: <https://omny.fm/shows/insights/24-luiza-helena-trajano-voc-do-tamanho-daquilo-que>. Acesso em: 12 fev. 2021.
VAN BELLEGHEM, Steven. Quando o digital se torna humano. Rio de Janeiro: Ubook, 2020.
VIEIRA, Leonardo. Lições de gestão do Magalu. Portal Administradores, 22 maio 2020. Disponível em: <https://www.youtube.com/watch?v=ln5d0UJ3268&t=8s>. Acesso em: 1 jun. 2021.
ZENDESK. Magalu aposta nas soluções da Zendesk para aumentar a satisfação do cliente. 2020. Disponível em: <https://www.zendesk.com.br/customer/experiencia-do-cliente-e-prioridade-para-magazine-luiza/>. Acesso em: 2 jun. 2021.
ZENDESK. Visão do cliente e agilidade no atendimento: dois pontos fundamentais para garantir uma experiência positiva. 2021. Disponível em: <https://www.zendesk.com.br/customer/magazine-

luiza/?utm_source=latam_[vendor]&utm_medium=partnership&utm_campaign=2021_q4_latam_wtcroi>. Acesso em: 31 maio 2021.

ZOGBI, Paula. Magazine Luiza anuncia novo modelo de loja para seu cliente mais importante: "o analógico". *InfoMoney*, 18 nov. 2019. Disponível em: <https://www.infomoney.com.br/negocios/magazine-luiza-anuncia-novo-modelo-de-loja-para-o-cliente-que-e-seu-maior-diferencial/>. Acesso em: 2 jun. 2019.

Impressão e Acabamento:
LIS GRÁFICA E EDITORA LTDA.